Françoise Prévost

L'amour nu

Texte intégral

Bibliothèque Hachette

Derniers titres parus dans la collection
Bibliothèque Hachette

Christine Arnothy	*J'aime la vie*
Alphonse Boudard	*Les combattants du petit bonheur*
Marie Cardinal	*Les mots pour le dire*
Patrick Cauvin	*$E = MC^2$, mon amour*
Jeanne Cordelier	*La dérobade*
Geneviève Dormann	*Je t'apporterai des orages*
Claire Gallois	*Une fille cousue de fil blanc*
Joseph Joffo	*Baby-foot*
John Le Carré	*Le miroir aux espions*
Bernard Lenteric	*La gagne*
Jacques Lanzmann	*Le lama bleu*
Françoise Prévost	*L'amour nu*

Couverture : Photo Sygma

Claire avait chaud. Là-haut, dans sa cage de verre, dominant la salle, elle avait le sentiment d'être dans une espèce de ballon immobile, suspendu au-dessus d'une foule de visages et de crânes attentifs.

C'était au tour d'Olga de traduire, et Claire se mit à compter les chauves... Douze, treize, quatorze... Elle ne quittait cependant pas ses écouteurs... on ne sait jamais, et Olga, avec qui Claire faisait équipe le plus souvent, pouvait avoir un « trou », rester muette devant un mot bizarre, venu on ne sait d'où, et dont la traduction vous échappe... Non, cette fois-ci, pas de danger. Le sujet n'était pas trop difficile, et les rencontres internationales traitant de la pollution des mers ayant lieu régulièrement depuis plusieurs années, Claire, tout comme Olga, connaissait à fond le vocabulaire anglais traitant de ces problèmes.

Dix-sept, dix-huit chauves... Olga continuait de traduire, avec son petit accent, pendant que Claire attendait le moment de prendre la relève.

Les traductrices simultanées se relaient chaque demi-heure. Ce travail demande en effet une très grande concentration, une extrême tension nerveuse, en plus, évidemment, de la parfaite connaissance de la langue que l'on traduit. Mais Claire n'avait plus de problème avec l'anglais depuis bien longtemps... Les mots français venaient tout seuls, et il lui semblait même quelquefois qu'elle inventait au fur et à mesure ce qu'elle disait à son micro, tant le réflexe de traduire était devenu chez elle spontané, automatique.

Cependant, Claire n'aimait pas que les mots, leur musique ou leur signification. C'était en quelque sorte le dessous des mots qui la fascinait, et le ton avec lequel s'exprimaient les orateurs.

Traduire les mots, c'était facile, mais traduire le ton, c'était autre chose, et il avait toujours semblé à Claire qu'une traductrice digne de ce nom devait respecter les émotions qu'éprouvait l'orateur. Au-delà des mots, il fallait faire entendre la voix du cœur, et quelquefois celle de la passion.

Ce serait bientôt son tour. Claire enleva son foulard, et se concentra sur le texte anglais qui lui arrivait aux oreilles. L'orateur avait commencé une longue phrase... Claire était aux aguets, attendant la petite pression de main d'Olga lui indiquant que la prochaine phrase serait « pour elle », comme on se passe le flambeau dans les courses de marathon.

Ça y était... Claire ferma les yeux une seconde et enchaîna : « Ces pollutions nous mènent à des concentrations en hydrocarbures souvent proches des 0,1 PPM qui rendent les produits de la mer immangeables. Nous nous sommes intéressés à l'une des espèces les plus significatives... puisqu'elle arrive en fin de chaîne alimentaire. Il s'agit des thonidés sous leurs différentes formes : le thon rouge, le germon, la bonite, le... le... »

Le quoi ? pendant un quart de seconde, Claire chercha désespérément dans sa mémoire la signification de ce mot anglais *wahoo*. Un mot qui avait l'air d'une blague. Elle dessina un gros point d'interrogation sur le bloc-notes qui était entre Olga et elle, mais Olga prit une mine perplexe... Elle ne savait pas non plus ce qu'était ce maudit *wahoo*. Tant pis... Il ne faut pas, pour un mot qui vous échappe, perdre le rythme. Claire prit son courage à deux mains :

— Excusez-moi, je ne sais pas ce que c'est...

Et elle continua, sans remarquer les quelques visages amusés qui s'étaient levés vers la cabine.

L'orateur allait terminer son exposé :

— ... Mais ces chiffres constituent autant de signaux d'alarme à ne négliger à aucun prix.

Ouf, il avait fini... Le président de la séance prit à son tour la parole, mais il s'exprimait en français, ce qui donnait aux deux amies un moment de répit.

Claire attrapa le dictionnaire :

— Tu te rends compte, Olga... un *wahoo*... qu'est-ce que c'est que ce machin-là ? Tiens, le voilà : c'est un « thazard bâtard ». Une espèce de thon...

La conférence se terminait, le président annonça qu'elle reprendrait à quatorze heures trente.

Claire et Olga ramassèrent leurs affaires rapidement, et se ruèrent dans le couloir en courant et riant. Le même petit jeu se répétait à chaque fois : il s'agissait de prendre les autres de vitesse, et d'atteindre les ascenseurs avant eux. Ascenseurs géants, ripolinés de vert mousse, qui ouvraient leurs portes et les refermaient majestueusement, poussant un soupir avide, comme une grosse bête affamée.

Le self-service perchait au dernier étage. Claire trouvait l'endroit un peu trop aseptisé pour son goût, mais elle en aimait les larges baies vitrées, d'où la vue sur Paris était magnifique.

La table qu'elle préférait était encore inoccupée, dans le coin, près de la fenêtre. Le rituel voulait que l'on marquât d'abord son territoire en posant son manteau sur le dossier de sa chaise. Ensuite, il fallait faire queue, plateau en main — comme à Sing-Sing —, disait Claire. Elles choisirent toutes deux leur repas, saluant au passage des visages de connaissance.

Comme beaucoup d'interprètes simultanées, Claire et Olga étaient « free lance », indépendantes, pouvant accepter des contrats pour des sociétés privées. Mais elles travaillaient souvent à l'Unesco et depuis plusieurs années. Elles y avaient leurs habitudes, et retrouvaient avec plaisir, entre deux voyages, l'immense bâtisse où s'agitait en tous sens une foule bigarrée et familière. Elles l'avaient surnommée « chez papa ». Cet Unesco, c'était en somme un havre rassurant leur permettant, comme à beaucoup d'autres, de vivre en paix avec les notes d'électricité et de téléphone.

Quand elles avaient choisi la profession d'interprètes simultanées — qui demande beaucoup de dons particuliers — Claire et Olga rêvaient de congrès à San Francisco, ou de symposiums à Pékin. Elles avaient beaucoup voyagé, mais la plupart des conférences auxquelles elles avaient apporté leur talent se passaient à Genève, dont elles connaissaient par cœur le jet d'eau sur le lac, les somptueuses boutiques d'horlogers, le chocolat aux noisettes, et les deux « déci » de vin blanc que l'on vous servait dans de mignonnes carafes de verre.

Rêvant de voyages, les deux amies se consolaient « chez papa » en admirant le dôme des Invalides et la tour Eiffel.

Elles s'étaient assises gaiement, très absorbées par leur grand souci du moment : l'installation d'Olga. Elle venait de déménager, il y avait des travaux à faire, et Claire lui donnait un coup de main. Olga avait été sidérée par les connaissances de Claire en la matière et son extraordinaire habileté. Depuis déjà trois semaines, chaque weekend, elle ponçait, rebouchait, lessivait avec ardeur, pendant qu'Olga faufilait des rideaux. « A chacun son ouvrage, disait Claire, moi, je ne sais pas tenir une aiguille... » Claire, si féminine, avait des instincts de bâtisseur. Elle passait des heures à faire des plans de maisons sur du papier quadrillé, et avait toujours sur elle un mètre, un crayon et une gomme. Elle connaissait les normes à respecter quand on installe une salle de bains ou une cuisine, et les secrets de la dernière perceuse électrique à percussion, seule capable de venir à bout du béton vibré. Elle disait volontiers que les trois quarts du cerveau humain dirigeaient les seules activités de la main, et que les gens qui ne savaient rien faire de leurs dix doigts étaient des espèces d'infirmes, dont un quart seulement du cerveau fonctionnait normalement. Les travaux manuels l'amusaient, Olga était sa meilleure amie : une occasion rêvée.

Les deux jeunes femmes terminaient leur repas.

— ... Et le plafond... il est sec ?

— Archi-sec... c'est superbe...

Claire sortit un bout de papier de son sac :

— Tiens, je t'ai fait une liste de choses à acheter. Demain matin, vers dix heures, je suis chez toi...

Olga prit la liste, l'examina :

— Peinture... quoi ?

— Glycérophtalique, dit Claire... Ça marche très bien, et c'est de la peinture à l'eau, on ne s'embête pas à rincer les rouleaux à l'essence.

— Bon... Vis de 6. Chevilles de 6. Crochets à béton suédois...

Claire l'interrompit :

— C'est pour les tableaux... Tu en as pas mal... Mais qu'est-ce que tu as comme outils ?

Olga se mit à rire :

— Tu plaisantes ? Je dois tout juste avoir un marteau... et encore...

— J'apporterai ma boîte à outils, tout le bazar... Et quand on aura fini de peindre, je te ferai une bibliothèque... En latté de 19... tu verras...

Un plateau à la main, quelqu'un s'approchait de la table, où les deux autres places étaient restées libres. Un instant, Claire crut qu'il s'agissait de quelqu'un qu'elle connaissait : elle avait déjà vu cette tête-là quelque part. Oui, elle s'en souvenait ; il était ce matin à la conférence, placé entre deux chauves. Une tête sympathique, avec des cheveux pas possibles, tout ébouriffés, des lunettes d'acier, et habillé gaiement de couleurs vives. Coucher de soleil sur ciel d'été, se dit Claire.

La tête sympathique désigna du menton une des deux chaises vides :

— C'est libre ?...

— Oui, dit Claire.

— Et vous ?

Claire resta interloquée, et prit le parti de rire. Les vrais dragueurs n'ont pas cet air de tomber de la lune ni ce sourire enfantin. Il s'assit et posa devant lui son plateau. Il désigna du doigt les sardines qu'il avait choisies comme entrée :

— J'avais demandé un *wahoo*... mais ils n'en ont plus !...

Claire éclata de rire.

— Je me suis bien plantée tout à l'heure !... *Wahoo,* le poisson qui aboie. C'était tellement comique, je ne savais plus où j'en étais. En fait, c'est un « thazard bâtard », famille des thonidés.

Claire se demanda pourquoi elle répondait à ce monsieur. Elle était plutôt discrète, et comme les gens habitués à vivre seuls, elle veillait à ce qu'on ne mette pas trop les pieds dans son jardin. « Il est drôle », se dit-elle. Elle percevait sous les lunettes un regard attentif où se mêlaient l'humour et la gentillesse. Il lui sembla l'avoir toujours connu, ce monsieur.

— Thazard bâtard flambé au mercure.. Ça ne doit pas être mauvais...

Olga fronça le nez.

— Ah non !... S'il vous plaît, une petite trêve. Oublions la pollution... Plus de D.D.T... plus de mercure. Rien que d'en parler, ça va nous barbouiller l'estomac.

— Vous avez raison... du limpide... du propre...

Il avait fermé les yeux.

— Vous connaissez ce petit jeu ? voilà... D'abord, c'est le noir... Et puis, on pense à quelque chose de beau... On y pense si fort qu'on finit par le voir. En ce moment, je vois une île, toute petite, avec quelques cocotiers... Ils se balancent lentement. La mer est d'un bleu très doux, le ciel est rose. Sur l'île, il y a une cabane en palmes tressées et un chien qui dort à l'ombre.

Amusée, Claire l'observait. C'était bizarre, cette façon de dire et de faire des choses pareilles, d'un air aussi tranquille, d'un ton aussi mesuré, sans se soucier des gens de la table à côté, comme s'il était normal de rêver à voix haute devant tout le monde.

— Vous avez fermé les yeux ? demanda-t-il.

— Non, dit Claire. Je vous regardais...

Il sourit, rajusta ses lunettes.

— Vous avez tort... C'était beau, cette île. Reposant...

Il attaqua ses sardines avec bonne humeur.

— Je vous ai dit que c'était un jeu... Mais c'est tout à fait sérieux... On voit tant de choses laides, ou tristes... Il faut de temps en temps se fabriquer d'autres paysages. Vivre un quart d'heure par jour dans un endroit qui vous plaît, où on se sent bien, ça vous réconcilie avec l'existence.

— J'essaierai, dit Claire. Vous retournez à la conférence, tout à l'heure ?

— Non seulement j'y retourne, mais je dois faire mon exposé. Et comme je parle français vous pourrez vous croiser les bras.

— Vous faites quoi ?

— Océanographe... Mais c'est si grand, les océans... Je suis spécialisé dans l'étude des planctons, des trucs qu'on ne peut observer qu'au microscope.

Claire posa sur la table un petit paquet enveloppé de papier de soie, et en sortit des chaussons aux pommes. Elle donna le premier à Olga, et partagea l'autre en deux.

— Tenez, pour votre dessert... Ce sont les meilleurs de Paris. Un boulanger à côté de chez moi...

— Merci... c'est gentil... Je m'appelle Simon. Simon Delorme.

— Et moi, Claire Castelan.

— Eh bien voilà, dit Simon, comme s'ils venaient tous deux de signer quelque traité mystérieux.

Olga venait de se lever :

— Tu viens, Claire ? Il faut qu'on passe au bureau de John...

— Allons-y....

Claire enfila son manteau, ramassa son sac, avala la dernière bouchée de chausson aux pommes :

— Au revoir...

— A tout à l'heure... Je vous verrai à la sortie...

— Ah bon, répondit Claire, étonnée de s'entendre accepter ce rendez-vous.

Elle le regarda un instant, qui souriait, et s'éloigna d'un pas léger. Simon la suivit des yeux et la vit passer une main dans ses cheveux, un tic que Simon avait remarqué.

« C'est drôle, se dit-il, une si jolie fille, et on a l'impression qu'elle n'est pas sûre d'elle... »

Dans l'ascenseur, Olga observait Claire du coin de l'œil. Elle connaissait bien son amie et s'amusait de son air rêveur où flottait un sourire intérieur.

— Il est marrant, ce type...

— Oui... Il s'appelle Simon... .

Olga ouvrit de grands yeux étonnés :

— Je le sais bien, qu'il s'appelle Simon... J'étais là, imagine-toi...

Claire parut redescendre sur terre. Elle regarda Olga et éclata de rire :

— C'est vrai, je suis bête... Ça doit être son truc de l'île sur fond rose... Je nage...

Le bureau de John, responsable du planning des interprètes, se trouvait à l'autre bout de l'immeuble. Elles marchaient toutes deux vivement, leurs pas résonnant dans les larges couloirs. Arrivées enfin devant la porte, elles glissèrent chacune une enveloppe dans la boîte aux lettres destinée à cet effet : chaque fois que les « free lance » avaient une proposition de l'Unesco, elles devaient donner leur réponse le plus rapidement possible.

Au retour, elles couraient presque, et arrivèrent tout essoufflées dans leur cabine, alors que la conférence était prête à reprendre son cours.

La séance commença par le témoignage d'un Danois, qui ne parla que vingt minutes.

Olga ayant repris le flambeau, Claire eut tout le loisir d'inspecter la salle, où elle retrouva sans peine la tête hirsute de Simon. Ses écouteurs aux oreilles, il prenait des notes et ne leva à aucun moment le visage vers la cabine. Claire en eut, à son grand étonnement, un petit pincement au cœur.

Le Danois termina son exposé, et le président de séance prit la parole :

— Nous remercions monsieur le délégué du Danemark, et nous écoutons maintenant M. Simon Delorme, France.

Simon Delorme ! Claire, l'estomac noué, sentait le rouge lui monter aux joues. « Le trac, se dit-elle, j'ai le trac, pour ce type que je ne connais même pas... » Elle eut à peine le temps de s'interroger sur les sentiments qui l'agitaient, quand la voix de Simon, filtrée par les écouteurs, lui parvint, calmant d'un seul coup son émotion. C'était le même ton tranquille, un peu ironique, qu'il avait eu pendant le déjeuner. Claire écoutait attentivement ce que disait Simon, mais sans bien comprendre les mots qu'il prononçait. Suspendue au son de sa voix, il lui semblait retrouver le refrain d'une chanson qu'elle aurait aimée autrefois, et oubliée. C'était rassurant, apaisant ; Claire poussa un grand soupir, un de ces soupirs d'enfants après un chagrin, quand ils ont été pardonnés, et consolés.

Olga voyait Claire de profil. Elle était la seule de ses amies qui connût quelque chose de sa vie. Claire avait épousé Yves peu après son retour de la guerre d'Algérie. Elle aimait sa fragilité, une certaine candeur blessée qu'elle avait rêvé de guérir. Obsédé par les cruautés d'une guerre qu'il désapprouvait, Yves avait fait des efforts désespérés pour exorciser ses cauchemars, mais l'amour de Claire, son dévouement, sa patience, ne purent rien contre ses déchirures. Yves se mit à boire. Claire fit tout ce qui était en son pouvoir pour le sortir de cette folie d'alcool et de nuits blanches. Elle le suivait partout, titubant de fatigue, obligée parfois de demander de l'aide pour le ramener chez eux, le traîner jusqu'à son lit. Un matin qu'elle était descendue un instant faire quelques courses, elle le trouva allongé dans la cuisine, la tête éclatée, son revolver dans la main. Il y avait des traces de sang sur les murs.

Claire se crut longtemps responsable de la mort d'Yves. Elle aurait dû l'empêcher de boire... elle n'aurait pas dû sortir ce matin-là... elle aurait dû l'aimer davantage, elle aurait dû le sauver.

Ce drame lui avait ôté d'un coup la confiance en son destin. Pendant deux longues années, Claire lutta contre l'idée destructrice qu'elle attirait le malheur, qu'elle était porteuse de mort.

Claire s'était réfugiée auprès de ses parents, en Tunisie, où son père construisait un barrage. Peu à peu, la couleur du ciel, les minutes de chaque journée, une place déserte à traverser, la foule des jours de marché reprirent leur place dans une réalité retrouvée. Une réalité vivable, dont l'agressivité s'estompait.

Guérie, Claire était rentrée à Paris, où elle avait terminé une licence d'anglais. L'interprétariat et ses promesses de voyages, de contacts humains, l'avait séduite, et son travail la passionnait, sans que l'inquiète le vide de son cœur. Elle avait gardé l'amitié des quelques garçons avec lesquels elle avait eu de brèves aventures, ignorant la plupart du temps qu'elle était aimée, puisqu'elle n'aimait pas.

Ses cheveux courts, ses yeux verts, ses taches de rousseur, sa vivacité, attiraient vite la sympathie.

— J'ai un physique gai, disait-elle à Olga... mais je suis comme les éléphants, je trompe énormément...

Elle riait de ce jeu de mots idiot, mais Olga savait quelle fêlure cachait cette plaisanterie.

Claire écoutait Simon, le cœur battant. Quand il eut terminé son exposé, il regarda dans la direction de Claire, qui lui fit, le pouce en l'air, signe que c'était O.K.

A six heures, la conférence prit fin. Claire s'habilla en hâte, surveillant Simon qui discutait avec le Danois, et ne semblait pas pressé de partir. Olga s'amusait de l'indécision de son amie :

— Alors... tu te décides ?...

— C'est vrai... On y va...

Devant le grand portail, Olga proposa la

traditionnelle tasse de thé au bistrot du coin. mais Claire, visiblement, attendait quelqu'un. A travers les larges portes de verre, elle guettait la chevelure de Simon, le reflet de ses lunettes, sa silhouette, sa démarche, toutes choses qui lui étaient en cet instant devenues indispensables.

Olga lui toucha le coude. Claire sursauta :

— Ce n'est que moi... Tu me rejoins ?...

— Oui... A tout de suite...

Olga s'éloignait, quand Simon apparut, tout au fond du hall, sa serviette sous le bras, courant presque, esquivant avec légèreté les groupes qu'il dépassait. Il sortit enfin et vint vers Claire en souriant :

— Vous m'attendez depuis dix ans... Désolé... mais ce Danois était insatiable. On marche un peu ?... Je n'ai que cinq minutes, mais chaque instant compte, n'est-ce pas ?

Claire rougit, ne sachant que penser, ne trouvant plus les mots faciles et légers des badinages sans importance. Simon lui prit le bras doucement, comme on prend celui d'une vieille dame que l'on ne connaît pas pour l'aider à traverser la rue. Elle se sentait légère, marchant près de lui d'un pas tranquille. Mais peut-être tout de même devait-elle dire quelque chose ?

— C'était très intéressant, votre exposé...

Simon s'arrêta, éclata d'un rire heureux, la regarda dans les yeux...

— Vous avez raison, en cinq minutes, on ne peut pas se dire grand-chose... Vous êtes libre, demain ?

— Oui...

— Venez à neuf heures et demie à la projection de Publicis... Ce sera... intéressant... Vous viendrez ?...

— Oui, je viendrai...

Un taxi s'approchait. Simon lui fit signe.

— Il me cherchait, celui-là... Vous allez me porter bonheur, n'est-ce pas ? A demain.

Il s'engouffra dans la voiture. Claire lui fit un petit signe de la main.

Elle rejoignit Olga, et trouva le thé meilleur que d'habitude.

Le lendemain soir, elle arriva avec un peu d'avance à la salle de projection. Simon y était déjà, bavardant avec des gens qu'il abandonna avec un geste d'excuse dès qu'il aperçut Claire. Il la prit par la main, sans un mot, et l'installa dans un des fauteuils. Quand elle fut assise, il la regarda en silence quelques secondes, puis sourit :

— C'est bien que vous soyez là... Gardez-moi la place à côté, je reviens.

Il s'esquiva, disparut. Claire songea que jamais elle n'avait connu quelqu'un dont la présence, les gestes, eussent été aussi légers, presque transparents, et dont pourtant chaque regard, chaque parole semblaient peser du poids secret des choses de la vie.

— Drôle de type, se dit-elle... mais cette pensée lui sembla sotte, comme ces petites phrases que l'on dit sans y penser, pour se défendre d'une émotion ou d'une inquiétude.

De quoi avait-elle à se défendre ? Se posant la question, Claire comprit que le suicide de son mari l'avait jusque-là enfermée dans une cuirasse dont les écailles superposées, les fermetures compliquées, la protégeaient du désir d'aimer.

Non, Simon Delorme n'était pas un drôle de type, et sa cuirasse desserrait son étreinte. « Je l'aime », se dit-elle, et une bouffée de joie lui serra la gorge.

Autour d'elle, le silence s'était fait. Les lampes s'éteignirent, et bientôt une ombre se glissa près d'elle :

— C'est moi, murmura Simon.

Claire lui sourit. Simon s'installa confortablement, les mains appuyées sur les accoudoirs du vaste fauteuil. Des mains longues que Claire observa avec curiosité, comme si elle n'en avait jamais vu de sa vie. La projection commença.

Des plongeurs évoluaient dans un monde magique, frôlant des bancs de poissons colorés, traversant des forêts de coraux flamboyants. Une voix ponctuait les images :

— Cette séquence a été tournée à Mar-Mar, en mer Rouge, en 1954.

Simon se pencha vers Claire :

— C'est Roberts...

Claire avait vu *Sous la mer,* elle en reconnut avec plaisir certains plans, mais Roberts avait, cette fois, fait un film bien différent. Il ne s'agissait plus de charmer, d'enchanter les spectateurs par la vision irréelle, fascinante, des fonds sous-marins, mais au contraire de les inquiéter. En effet, succédant aux merveilleux paysages filmés quelques années plus tôt, on voyait maintenant des coraux gris, délavés, et les poissons semblaient avoir perdu eux aussi leurs couleurs. La voix de Roberts continuait son implacable démonstration :

— Ce que vous voyez maintenant, c'est le champ de démolition d'un banc de coraux pollué. Cette séquence a été tournée dix-sept ans plus tard, à peu près au même endroit. Les coraux sont en train de mourir, entraînant la disparition des espèces de poissons qu'ils abritaient.

La pollution des mers... Depuis que Claire traduisait les comptes rendus des délégations se succédant depuis plusieurs années à l'Unesco ou ailleurs, elle avait pris pleinement conscience de ce danger. Le film cependant la bouleversa. Elle avait entendu parler de pollution, mais elle ne l'avait jamais vue... Qui voit sous la mer ? Le film était accablant, et se termina dans le silence.

La lumière se ralluma, mais chacun des spectateurs semblait cloué sur sa chaise, comme des gens qui viennent d'assister à un irréparable désastre.

Simon se leva et entraîna Claire. Ils sortirent de la salle, grimpèrent quelques marches et entrèrent dans la cabine de projection où Roberts était en train de ramasser ses dossiers.

— Ah... Simon... Ça va ?

— Je vous présente quelqu'un qui aime

les poissons... Claire Castelan, commandant Roberts. Dites-moi, commandant... depuis votre dernière expédition, ça n'a pas dû s'arranger...

Roberts haussa les épaules :

— Dans ce coin-là, c'est foutu... Mais je pense que des images de ce genre peuvent mobiliser l'opinion. Une ville polluée, les gens en souffrent directement... Ça se voit, ça se respire... La mer... ils ne s'en rendent pas compte. Pourtant, une portion de mer empoisonnée, c'est la flore marine qui disparaît et un peu moins d'oxygène sur la planète... Mais les gens ne le savent pas...

Claire enchaîna :

— Des films comme celui-là, il faudrait les montrer à tout le monde, au moins, ils comprendraient.

— Il faut informer, expliquer, essayer de sauver ce qui reste...

Claire admira cet homme, qui depuis des années poursuivait inlassablement le même but : sauver la mer.

Le petit groupe sortit de la cabine, et se retrouva dans le hall, où des spectateurs échangeaient leurs impressions. Roberts rejoignit quelques amis. Avant de le quitter, Simon lui demanda un rendez-vous :

— J'ai fait faire des radiographies de plancton animal du côté des Seychelles... Pas très réconfortant... Je vous en parlerai... A bientôt.

Claire et Simon se retrouvèrent sur les

Champs-Elysées. Il faisait un petit froid sec et le ciel était tout illuminé par les lumières de la ville. Les phares des voitures luisaient sur le macadam, et les passants, à cette heure-là, ne semblaient aller nulle part.

— Vous aimez marcher ?

— Je n'ai pas de voiture... Quand j'ai le temps, je marche... Les gens, à Paris, sont brouillés avec le temps. Ils ne savent pas qu'il ne faut qu'une demi-heure pour aller à pied des Invalides à la Concorde.

Simon regardait Claire, mais elle n'osait pas lever les yeux vers lui. Elle en avait envie, mais c'était quelque chose d'elle-même qu'elle retenait encore.

— J'ai une voiture, dit Simon, mais j'aime marcher, moi aussi, et le soir, on respire mieux. Quelquefois, avant de me coucher, je fais un bout de course à pied autour de mon quartier. Les gens doivent me prendre pour un fou, mais c'est beau, la nuit, quand la ville est tranquille. Près de chez moi, je croise souvent deux petits vieux, un de ces couples d'amoureux comme on en rêve. Un jour, je leur ai parlé et nous sommes devenus amis. Les pauvres... Ils ont maintenant si peur des voitures, qu'ils se promènent la nuit, en pantoufles, bien emmitouflés... Je leur ai demandé s'ils ne craignaient pas de se faire attaquer... « Attaquer ? m'a dit le mari. Qu'ils osent... J'ai ma canne... » Et la petite vieille clignait de l'œil : « C'est une canne-épée, monsieur... »

La place de la Concorde, qui semblait vide

un instant auparavant, s'encombra tout à coup de voitures. Elles tournaient en tous sens, comme des fourmis affolées : c'était la sortie des cinémas.

Claire et Simon marchaient maintenant en silence et la buée de leur respiration se dissolvait dans la lueur argentée des réverbères.

A la vitrine d'un brocanteur, rue Saint-Roch, ils remarquèrent trois volumes de la collection Hetzel, ces gros livres rouges et or, qui réveillent le souvenir des distributions des prix d'autrefois, quand les familles se mettaient en « Dimanche », et que Monsieur le Recteur faisait un discours, juché sur une estrade drapée de tricolore.

— Jules Verne, murmura Simon. Quand j'étais gamin, je passais mes vacances en Bourgogne, chez mes grands-parents. J'allais me mettre sous un arbre, dans un coin tranquille, avec une tablette de chocolat et *Vingt mille lieues sous les mers*. Je m'en souviens presque par cœur : « Cet Indien, monsieur le professeur, c'est un habitant du pays des opprimés, et je suis encore, et jusqu'à mon dernier souffle, je serai de ce pays-là ! » C'est beau non ?

Oui, c'était beau, et Claire aussi, aimait Jules Verne. Mais elle ne l'avait lu que plus tard. N'est-ce pas plutôt aux garçons que l'on donne à lire *Voyage au centre de la Terre*, ou *L'Ile mystérieuse* ? Claire s'animait, citait en riant les histoires bêtifiantes réservées aux filles. Elle n'avait pas eu de frère, et avait dû attendre l'âge de l'argent de poche pour lire ce qu'elle voulait.

— Le capitaine Nemo... ce qu'il m'a fait rêver !... Il plantait un drapeau noir au Pôle Sud... Un anarchiste !... Ça m'exaltait !

A ce moment de leur rencontre, Claire et Simon découvraient l'un et l'autre, avec bonheur, quelque chose qu'ils aimaient tous deux. Moment cristallin, délicat comme une bulle de verre, autour de laquelle viennent tinter du même son les aspirations, les rêves qui jusque-là n'appartenaient qu'à eux seuls. Leurs yeux brillaient du même éclat et leurs voix se répondaient.

— Vous vous souvenez du salon du *Nautilus*, dit Simon ? Le piano, les fauteuils de cuir comme dans les clubs anglais...

— J'ai toujours rêvé d'une maison sous la mer.. On doit se sentir protégé...

— Vous avez besoin d'être protégée ?

Simon avait dit cette phrase tout doucement, comme s'il avait senti que cette confidence spontanée de Claire cachait une blessure. Il la regarda, et comprit qu'il ne s'était pas trompé : elle était sur la défensive, mais prit aussitôt le parti de rire :

— Protégée ? Non, merci... Ça va très bien...

Elle continua, d'une voix confiante :

— Mais ce serait beau... de grands hublots avec des pieuvres qui viendraient vous regarder... Le silence... Plein de livres...

Simon ne quittait pas Claire des yeux. Le profil enfantin, les joues roses de froid et cette façon qu'elle avait d'enfoncer les mains dans ses poches, jusqu'au fond, comme les timides, lui donnaient une envie folle de la prendre dans ses bras. Il craignit de l'effaroucher et la laissa continuer de parler de sa maison sous la mer, pleine de livres et de merveilles.

Ils passaient à cet instant le long de ces rangées de poubelles qui semblent, sur les trottoirs des villes, monter la garde. Simon se pencha, cherchant quelque chose. Claire s'arrêta, étonnée de le voir saisir un objet poussiéreux, qu'il essuya d'un revers de manche. C'était un interrupteur en plastique, tout à fait ordinaire, du modèle dit « à encastrer ». Il le tenait avec précaution entre le pouce et l'index, comme un objet précieux.

— Claire... Un masque : les yeux, la bouche, le nez...

Claire sourit sans répondre :

— Les masques m'ont toujours fasciné, continua Simon... On ne sait pas si c'est vous qui les regardez, ou si ce sont eux qui vous regardent... Donnez-moi votre main.

Dans le creux de la paume de Claire, Simon déposa, comme il l'eût fait d'un trésor, la petite idole improvisée.

— C'est un cadeau...

Claire le fourra dans sa poche. Elle fit quelques pas et se mit à rire :

— Vous en offrez souvent, des interrupteurs ?

Simon prit un ton sérieux, presque cérémonieux :

— Jamais... C'est la première fois...

Ils riaient maintenant tous deux et Simon put saisir un instant le regard de Claire, qu'elle détourna presque aussitôt.

Simon n'y comprenait rien. La veille, au self-service de l'Unesco, elle était différente, plaisantant, l'observant de son regard vert, aigu, si maîtresse d'elle-même, drôle et désinvolte. Et ce soir, elle était vulnérable, douce, distante, insaisissable. C'est à peine s'il avait osé la prendre par le bras, comme hier, au moment de traverser la rue.

Claire s'interrogeait, elle aussi, sur son attitude. Elle avait déjà fait l'expérience de ces longues promenades nocturnes, un homme à ses côtés, leurs pas les menant lentement, au long des rues, vers une porte cochère, un escalier inconnu, et là-haut de l'entrée à la chambre, où l'on défaisait hâtivement un grand lit. Claire savait regarder les hommes qui lui plaisaient d'un regard sans détour. Regard-invitation, l'expression d'un désir sincère qu'elle ne refusait pas, qui lui semblait naturel, comme il est naturel de manger ou de boire. C'était facile, souvent agréable — Claire ne s'était jamais fait d'illusions sur son plaisir — et sans conséquences. Quelques souvenirs lui revinrent en mémoire, qui lui semblèrent dérisoires, absurdes, comme ces fusées de 14-Juillet que l'on allume dans la fièvre, qui montent au ciel en crépitant, s'épanouissent un instant

— on fait « ah » — et retombent en misérables flammèches qu'un coup de vent finit d'éteindre.

Claire savait depuis quelques heures qu'elle aimait Simon, qu'elle désirait Simon. Marchant auprès de lui, alors qu'ils se rapprochaient de sa maison, de sa chambre, de son lit, elle comprit pourquoi elle se sentait à la fois si heureuse, si tranquille et pourquoi, ce soir, elle n'inviterait pas Simon à prendre chez elle un « dernier verre », prélude aux amours éphémères : Simon était entré dans sa vie.

Brusquement, rue Croix-des-Petits-Champs, Claire tourna à droite, sous la galerie Véro-Dodat. Le carrelage noir et blanc, les boutiques aux devantures d'acajou, aux vitrines serties de cuivres brillants, les angelots dorés soutenant des girandoles, la lumière d'aquarium, les pas résonnant dans un étrange silence, étonnèrent Simon. Délivrée de son impatience, de son inquiétude, Claire était plus détendue :

— C'est beau, non ?...

Simon marchait plus lentement, tournant sur lui-même, comme on visite un musée.

— Très beau... Je ne connaissais pas...

— C'est mon sous-marin... J'habite là, au bout de la rue...

Claire raconta « sa » galerie. Rachel y avait habité, au moment de ses débuts à la Comédie-Française. Il y avait un luthier, un jeune garçon qui savait réparer n'importe quel instrument à cordes, depuis les violons les plus prestigieux, jusqu'aux violes campagnardes. Plus loin, un marchand proposait aux collectionneurs des boîtes d'allumettes suédoises, des affiches publicitaires démodées et le diable rouge, crachant du feu, de « L'ouate Thermogène ». Cette galerie était à elle seule un univers à part, hors du temps, où Claire connaissait tout le monde.

Ils débouchèrent de l'autre côté dans la rue Jean-Jacques-Rousseau. Claire lui avait dit que sa maison était maintenant toute proche, et Simon prit les devants :

— On marche encore un peu ?

Ils n'avaient ni l'un ni l'autre envie de se quitter et Claire acquiesça d'un sourire. En passant, elle indiqua à Simon la boulangerie des chaussons aux pommes. Ils firent le tour du pâté de maisons, Claire faisant les honneurs de son quartier, heureuse de lui montrer ce qui était le décor de sa vie.

Devant la Bourse du commerce, la petite place était déserte. Dans la journée, expliqua-t-elle, c'était une incroyable presse de voitures se faufilant dans les rues, toujours encombrées à cet endroit. Du côté de la rue du Louvre, un triangle asphalté, bordé de trottoirs, tenait lieu de square, où poussaient courageusement quelques arbres. Ils brandissaient vers le ciel leurs branches dénudées, écrasés par le paysage de pierre et de béton, leurs racines prisonnières de ces grilles rondes sous lesquelles s'accumulent les mégots et les tickets d'autobus.

Claire leva la tête, désignant les arbres à Simon.

— Tous les jours, au crépuscule, ces arbres se remplissent d'oiseaux... des centaines et des centaines...

Ils étaient là, en effet, serrés les uns contre les autres, leurs silhouettes arrondies se détachant contre le ciel plus clair, pauvres moineaux parisiens réfugiés sur leurs arbres-dortoirs. Claire faisait souvent un détour pour observer leur manège. C'était, chaque soir, un concert assourdissant de pépiements et de bruits d'ailes. On eût dit quelque rendez-vous mystérieux, à heure fixe, où chacun racontait les événements de la journée, voletant d'une branche à l'autre, cherchant la meilleure place, pour finalement, quand le soleil disparaissait, s'endormir la tête sous l'aile.

Claire et Simon ne disaient plus rien. Leurs pas, de plus en plus lents, les avaient conduits devant la maison de Claire. Elle s'arrêta.

— Voilà... c'est là, chez moi... Je vous quitte...

Simon parut surpris, comme si cette promenade devait continuer encore et la nuit durer toujours.

— Déjà ? Mais je ne sais rien de vous...

Le beau visage de Claire eut une expression amusée, à la fois douce et moqueuse :

— Mais si... Vous savez que j'étais amoureuse du capitaine Nemo...

Ils étaient face à face pour la première

fois de la soirée et Simon recevait le regard de Claire en plein visage. Il en fut ému, bouleversé, heureux. Le bonheur était tout simple. Le bonheur, c'était de regarder Claire. Il sourit à l'évocation du capitaine Nemo :

— Et vous l'aimez toujours ?

Claire mit un doigt sur ses lèvres.

— Oui... mais c'est un secret.

Simon prit un air entendu, mystérieux, entrant dans ce jeu des confidences que Claire lui proposait :

— Ça restera entre nous...

Claire regardait Simon. Quelque chose s'était tissé entre eux qu'ils ne pourraient plus oublier.

— Bonsoir...

Elle sonna, la porte s'ouvrit. Simon ne bougeait pas. Elle entra, se retourna. Ils échangèrent un dernier regard, et Claire laissa retomber le lourd battant, qui se ferma avec un bruit mat.

Quand Claire fut chez elle, elle se débarrassa de son manteau, regarda autour d'elle avec étonnement. Ces meubles, ces objets qu'elle connaissait si bien, il lui sembla les voir pour la première fois. Elle comprit que c'était vrai, puisqu'elle les voyait pour la première fois depuis Simon, pour la première fois depuis qu'elle aimait Simon, et que le regard de Simon allait se poser sur eux, comme il s'était posé sur elle tout à l'heure, sous le réverbère. Et que le fauteuil, la cheminée, le vase 1900, lui appartiendraient, comme elle, Claire, lui appartenait.

Claire se réveilla avec le nom de Simon, les cheveux de Simon, les lunettes de Simon dans la tête et dans le cœur. Elle se regarda attentivement dans la glace et se trouva un je ne sais quoi de neuf, d'inattendu. Elle enfila une robe de chambre et prépara son petit déjeuner en riant d'elle-même, se demandant à chacun de ses gestes s'il préférait le thé ou le café, un sucre ou deux, le pain grillé, le miel ou la confiture. Et le lait ? Peut-être aimait-il le lait ? Il faudrait donc en acheter, se disait Claire gaiement, elle qui l'avait en horreur.

Le téléphone sonna. C'était Londres. Un hôtel du côté de Hyde Park, qui se chargeait de l'organisation de congrès et de conférences. Ils étaient sérieux et payaient bien.

— Quelle date ? Oui... je suis libre... Quel sujet ?... Les mines de bauxite ?... Oui, j'ai ce qu'il faut... O.K... Je vais commencer à creuser... Ça vous fait rire ?... Vous êtes gentil... D'accord, c'est noté... Au revoir...

Claire raccrocha et alla regarder dans sa bibliothèque. Oui, le glossaire se rapportant aux termes techniques concernant les mines était bien là. Il arrivait quelquefois aux interprètes de se passer les livres dont ils avaient besoin. Claire le sortit et le posa sur sa table : il faudrait qu'elle y jette un coup d'œil pendant le week-end... Elle pensa en souriant à ce « wahoo » qui l'avait laissée muette deux jours avant. Après tout, c'était ce jour-là qu'elle avait rencontré Simon. Le wahoo, ce poisson inconnu, lui avait porté chance...

Claire se déshabilla, régla la douche et se glissa avec plaisir sous l'eau chaude qui lui cinglait les épaules. Simon préférait peut-être les baignoires... Simon... Au fond, elle ne savait pas grand-chose de lui et il n'était pas évident qu'ils puissent un jour vivre ensemble. Claire s'étonna de se poser la question. Les hommes qui avaient traversé sa vie depuis deux ans s'étaient toujours, en quelque sorte, arrêtés au seuil de sa porte. Une nuit par-ci par-là... mais le lendemain, Claire se retrouvait seule, et heureuse de l'être...

Elle se passa du savon sur les jambes, le ventre. Elle pensa aux mains de Simon, posées sur les accoudoirs du fauteuil, hier. Les mains de Simon sur ses jambes, sur son ventre. Claire passa du savon sur ses épaules, sur ses seins... Les mains de Simon...

Tout à coup, son geste s'arrêta à un endroit précis de son sein gauche. Qu'est-ce que c'est que ça ? se dit Claire. Là, tout près du dessous de bras, elle sentait une grosseur anormale, comme une petite boule. Elle insista d'une pression plus appuyée. Pas de doute, une petite boule dure, grosse comme une noisette.

Un vide étrange se creusa dans sa tête, comme un vertige, qu'un mot rassurant vint aussitôt dissiper : un kyste... Voilà, c'était ça, elle avait un kyste... Quel ennui... Une histoire hormonale, sans doute...

Claire n'était pas inquiète. Pas vraiment. Ce mot de kyste était tout à fait ordinaire. Un mot inoffensif, s'appliquant à ces grosseurs qui poussent quelquefois par-ci par-là, et se résorbent souvent toutes seules. Peut-être ce kyste disparaîtrait-il comme il était venu ? Claire décida d'attendre un jour ou deux.

Elle n'était pas inquiète, mais surveillait attentivement sa petite boule. Ce n'était certainement pas grave, mais c'était la barbe... Si elle pouvait disparaître comme par enchantement, ce serait un souci de moins... Mais non... elle y était toujours...

Deux jours plus tard, Claire travaillait de nouveau à l'Unesco, faisant cette fois-ci équipe avec Nihad, une Egyptienne qu'elle aimait beaucoup, et qui avait été son professeur à l'école d'Interprétation. C'était au tour de Nihad de traduire, et Claire rêvait, les yeux fixés sur la place où Simon était assis la semaine précédente, occupée ce jour-là par un gros barbu. Machinalement, Claire passa la main entre les boutons de son chemisier, et tâta, une fois de plus, sa petite boule. Quand elle prit conscience de son geste, elle retira vivement sa main, agacée de constater que la noisette était toujours là et qu'elle avait fait ce geste sans y penser.

Elle n'allait tout de même pas se tâter les seins toutes les cinq minutes. Claire, le soir même, prit rendez-vous avec son médecin.

C'était un homme vif, au regard incisif, au parler quelquefois un peu rude, à qui Claire faisait entièrement confiance. Elle le consultait régulièrement et c'était lui qui, depuis des années, la vaccinait contre toutes sortes de choses, comme le choléra, la fièvre jaune, ou autres gracieusetés, auxquelles s'exposent les gens qui voyagent souvent et loin.

Il la reçut avec un sourire. Non, ce n'était pas pour un vaccin... Claire expliqua calmement le but de sa visite. Elle se déshabilla et le médecin l'examina avec soin.

Claire se surprit à observer son expression pendant qu'il tâtait, lui aussi, la petite boule. Mais non... il ne manifestait rien de particulier, c'est sans doute que tout allait bien. Une petite grosseur comme il y en a tant...

— Vous vous en êtes aperçue comment ?

— Il y a quelques jours, en prenant ma douche.

Il examinait maintenant l'autre sein.

— Vous n'aviez rien remarqué avant ?

— Non, absolument rien...

— Vous pouvez vous rhabiller...

Il s'était assis à son bureau. Claire enfila son chemisier et vint s'installer en face de lui.

— Vous avez un projet de voyage ?

Claire s'étonna un instant de cette question, mais puisqu'il connaissait son métier, elle pouvait être tout à fait naturelle.

— Oui, mais pas tout de suite... Début janvier, à Dubrovnik.

Il souriait.

— Vous avez de la chance... C'est une des plus belles villes du monde... Vous avez vu votre gynécologue récemment ?

— Oui, il y a trois mois, répondit Claire... Je fais un contrôle tous les ans.

En fait, ce contrôle concernait surtout la surveillance indispensable à toute femme prenant la pilule. Là encore, Claire ne trouva rien d'étrange. Le médecin achevait de rédiger son ordonnance, qu'il signa d'un grand paraphe compliqué. Il lui tendit la feuille.

— Voilà ! Vous irez d'abord à cette adresse pour vous faire faire une mammographie.

Claire fronça les sourcils... Elle savait bien ce que c'était, une mammographie, mais elle n'en voyait pas l'utilité. Le médecin crut lire dans son regard une crainte, une hésitation :

— C'est une radio des seins... Ça ne fait absolument pas mal.

Elle le savait bien, qu'une radio, ça ne fait pas mal.

— Pourquoi une mammographie, si c'est simplement un kyste ?

Il la regardait tranquillement.

— Il vaut mieux vérifier... Quand j'aurai les résultats, on verra...

Voilà, c'était tout... Claire enfila son manteau, prit son sac, mais quelque chose n'allait pas : elle comprit que c'était elle, et non pas lui, qui avait prononcé ce mot de kyste. Peut-être avait-il quelque chose derrière la tête ? Elle était plantée là, inquiète, n'osant lui dire ce qui la tourmentait ; ce doute, cette angoisse, qui n'avait pas encore de nom.

Le médecin la prit par le bras et la raccompagna jusqu'à la porte. Il connaissait bien cet instant de panique, dont il avait si souvent lu le reflet dans le regard de ses patients. Et il savait quels mots étaient capables de la chasser. Il avait appris à soigner, mais aussi à rassurer. Une complicité dans l'œil, une chaleureuse poignée de main, et les malades repartaient non pas guéris, mais apaisés et pleins d'espoir.

— Ne vous inquiétez pas... C'est un simple contrôle de routine... Revenez me voir dès que vous aurez vos radios...

Après tout, il a raison, se disait Claire, en descendant les escaliers. Un contrôle, quoi... Il n'avait pas l'air de prendre tout ça très au sérieux... C'est moi qui me fourre Dieu sait quoi dans la tête. Elle haussa les épaules et sortit dans la rue où l'air vif la surprit. Ça va me rafraîchir les idées, pensa-t-elle...

La première chose qu'elle fit en rentrant chez elle fut de prendre un rendez-vous avec le centre de radiologie dont son médecin lui avait donné l'adresse : boulevard Auguste-

Blanqui — c'était, pour Claire, à l'autre bout de Paris —, jeudi à sept heures quarante-cinq. Claire râlait toute seule : « C'est pas des heures pour les chrétiens... Et ce boulevard... c'est au diable. »

Elle se calma un peu en pensant qu'il fallait bien en passer par là pour être tranquille une fois pour toutes avec cette histoire et elle se plongea dans le vocabulaire spécialisé ayant trait à l'extraction de la bauxite.

Le soir, Simon lui téléphona. Le cœur battant, elle écoutait la voix qu'elle reconnaissait déjà si bien. Il avait vu Roberts, et Roberts lui avait demandé de rédiger un rapport sur les phytoplanctons qu'il avait récoltés l'année précédente dans le détroit d'Hormuz. Il en avait jusqu'à jeudi. Mais vendredi ? Que faisait-elle vendredi ? C'était le jour de son cours à l'école d'Interprétation. Comment ça, un cours ? Elle allait encore à l'école, comme une petite fille ? Non, elle enseignait... C'était stupéfiant, disait Simon... Il ne savait rien d'elle, absolument rien. Ils en avaient pour des millions d'années lumière avant de se connaître, et à quelle heure finissait son cours ? Pouvait-il venir la chercher à la sortie ? Bon, c'était très bien, c'était magnifique, même, et il était sûr qu'il allait faire beau, parce qu'il l'emmènerait dans des endroits qu'elle ne connaissait pas, une espèce de campagne, tout près, là où il était né, et il fallait absolument qu'elle voie ça. Il pensait souvent à ce geste, quand elle se passait la main dans les cheveux, et vendredi paraissait loin. Pouvait-il, d'ici là, lui téléphoner de temps en temps ? Il avait besoin d'entendre sa voix, elle avait une voix très bien, qui lui ressemblait...

Quand il raccrocha, Claire pensa elle aussi que vendredi c'était loin, si loin...

Le matin de la radio, Claire ouvrit ses volets sur un jour gris sale, où flottaient déjà — si tôt — des odeurs d'essence et de poubelles. Quand les nuages sont si bas dans le ciel de Paris, la ville étouffe, asphyxiée. Les asthmatiques ont des yeux de noyés, les chats éternuent, les gens heureux craignent de voir leur bonheur fondre dans la brume, et les vieilles dames pauvres serrent plus étroitement leur châle, un petit mouchoir sur la bouche.

Claire s'habilla et commanda un taxi par téléphone. Elle s'était dit la veille qu'elle irait en métro, mais c'était au-dessus de ses forces. Le métro, ça allait quand on se sentait bien. Claire avait toujours pensé qu'il fallait un moral d'acier pour se fourrer sous la terre, dans cette foule anonyme, hagarde, où chacun se sentait seul comme un chien. Et puis, elle ne connaissait pas le quartier où elle allait, et la pensée de sortir d'un trou pour se retrouver dans un lieu inconnu l'inquiétait.

Dans le taxi, elle songea que ce n'était pas

le métro qui l'inquiétait, mais cette saleté de noisette...

Elle avait un rendez-vous et n'attendit que quelques minutes dans la cabine de déshabillage. Une jeune femme en blouse blanche, qui la regardait avec sympathie, la fit entrer dans la salle des mammographies, où trônait un drôle d'appareil ressemblant à un ascenseur sur crémaillère. La radiologue la fit asseoir sur une chaise, devant l'appareil, le sein posé sur une plaque en fer.

— Ça va ? lui demanda-t-elle.

Claire fit la grimace, mais s'efforça de sourire :

— C'est froid !...

La jeune femme eut un rire gentil.

— On essaiera d'arranger ça...

Autour du sein de Claire, elle disposa de petites languettes de plastique, sur lesquelles étaient inscrits des numéros et des lettres.

Claire, décidée à faire bonne figure, s'informa :

— Ça sert à quoi, ces machins ?

— A éviter les erreurs. Les lettres et les chiffres seront reproduits sur la planche de radio, et on saura si c'est le sein droit, le gauche, vu de haut en bas, etc. Vous y êtes ?

Claire se demanda ce qui allait se passer, quand la radiologue fit descendre la partie supérieure de l'appareil, qui vint s'appliquer au-dessus de son sein.

— Je suis obligée de serrer un peu... Dites-moi si je vous fais mal...

— Allez-y, dit Claire.

L'appareil descendit encore. Non, ça ne faisait pas vraiment mal... C'était plutôt l'idée de son sein transformé en galette qui la gênait, comme une obscénité. Coincé entre la machine d'en haut et la plaque d'en bas, il s'aplatissait inexorablement. Oui, maintenant, ça commençait à faire mal :

— Ça doit aller, non ? dit Claire.

— Oui, je pense... Vous êtes courageuse... Ne respirez plus... respirez...

Un déclic s'était à peine fait entendre. Mais ça n'était pas fini. Il fallut faire la radio de l'autre sein, et recommencer l'opération, couchée cette fois sur un lit roulant, de façon à présenter le sein de profil. Profil droit, profil gauche. Les petites languettes de plastique changeaient, la radiologue s'affairait, souriante.

— Voilà, c'est la dernière. Ne respirez plus... Respirez. Vous pouvez vous rhabiller. Dans quelques instants, on vous donne les clichés.

Claire s'assit dans le hall. Une grosse dame attendait son tour, et elle ne put s'empêcher d'imaginer ses énormes seins sous la machine, qui allaient tout à l'heure se transformer en quelque chose d'extravagant. Quelque chose de rond et de plat, comme un pain de campagne, ou un sac de lentilles à moitié vide.

Une employée vint lui remettre une grande enveloppe jaune et Claire s'en alla, soulagée, contente d'en avoir fini avec cette corvée, vaguement inquiète. Elle prit de nouveau un taxi, regarda les radios où l'on retrouvait le graphisme des lettres se détachant en blanc sur fond noir : D.G., droite, gauche. Mais pour ce qui était du reste, il était impossible de discerner quoi que ce fût dans cet étrange magma qu'était l'image radiographique de ses seins. Elle était étonnée... et déçue. Claire savait qu'elle avait de jolis seins, et elle en était fière. N'étaient-ils donc, vus en transparence, dans leur réalité profonde, que cette masse informe, anonyme, d'où toute grâce s'était envolée ?

Claire remit les clichés dans l'enveloppe avec une vague impression de nausée. Comme on est laid, dedans, se dit-elle.

Dans l'après-midi, elle hésita avant de téléphoner à son médecin pour prendre un autre rendez-vous et lui apporter les radios. Mais on était jeudi et elle devait voir Simon le lendemain. Elle imagina que le médecin voudrait peut-être la voir tout de suite, avant le week-end, lui gâcher cette journée qu'elle attendait avec impatience. Tant pis, elle attendrait lundi pour l'appeler. Elle avait à peine pris sa décision qu'elle en eut un remords. Il lui avait dit : « Quand j'aurai les résultats, on verra... » On verra quoi ? A ce point de son raisonnement, Claire, inconsciemment, balaya ses inquiétudes, ne pensant qu'à Simon, remettant à plus tard tout ce qui risquait de mettre un voile à la joie qu'elle attendait de cette journée.

Dans les couloirs de l'école d'Interprétation, située porte Dauphine, on parlait avec admiration de certains interprètes simultanés, possédant à fond quatre ou cinq langues. Ils étaient les vedettes incontestées de cet étrange métier et beaucoup, en plus de leurs contrats, enseignaient à l'école. Ce jour-là, les élèves de cette classe étaient en première année et Claire leur dictait, en anglais, un texte qu'ils devraient traduire. Elle l'avait choisi en fonction de deux difficultés, deux expressions toutes faites, si souvent difficiles à exprimer dans une autre langue.

— *The city we want to build is a city without trafic-jams and without matchbox houses. A city where man can rise to the stature of man...* Hervé, à vous...

Hervé, un grand blond, consulta ses notes :

— Le style de ville que nous voulons construire est une ville sans trafic... sans problèmes de trafic... sans...

Il regardait Claire, un peu inquiet. Elle prit la parole.

— *Trafic-jam...* Vous savez évidemment que *jam* veut dire confiture. Littéralement, on traduit « trafic de confiture », mais il y a une équivalence en français... A qui ?...

Une jeune fille, Sonia, leva la main :

— Embouteillage...

— Exact... *Trafic-jam* : embouteillage. Hervé, continuez...

Hervé, désarçonné, avait une toute petite voix.

— ... sans embouteillages et sans... sans maisons...

Il hésitait.

— Sans maisons en boîtes d'allumettes...

Claire continua sa démonstration.

— On peut évidemment comprendre ce que sont des maisons en boîtes d'allumettes... Mais encore une fois, c'est la traduction littérale. Cherchez... Il y a une équivalence en français...

Le Libanais levait la main.

— Des maisons préfabriquées ?

— Pas mal, dit Claire, mais il y a mieux... A qui ?

Cette fois encore, c'est Sonia qui trouva le mot juste.

— Des cages à lapins...

Claire, le pouce en l'air, approuva.

— O.K. *Match-box houses* : cages à lapins.

Le cours durait une heure et demie.

— Qui me trouve l'équivalent de *wooden-kimono ?*

Un kimono en bois ? Les élèves se regardaient, perplexes et amusés.

— Ce kimono en bois, c'est très exactement un cercueil, mais en argot américain. En argot français, c'est tout simplement notre « redingote en sapin ».

Plus qu'une demi-heure de cours. Claire

imaginait Simon au volant de sa voiture, se dirigeant vers la porte Dauphine. Serait-il habillé de la même façon ?

— Un mot encore sur une expression typiquement anglaise : « *It is not my cup of tea.* » Littéralement en français : « Ce n'est pas ma tasse de thé... » Les Anglais utilisent souvent cette expression pour dire qu'ils n'aiment pas quelque chose, ou que telle ou telle action leur déplaît, leur est désagréable. Qui me donne un exemple ?

C'est Hervé qui se décida.

— *Trafic-jams are not my cup of tea...*

— Bravo, dit Claire, souriante... Je vous livre tout de même une équivalence en français de cette tasse de thé, la seule que je connaisse, mais elle est peu recommandable : « Les embouteillages, c'est pas le pied ! » Voilà... Mes enfants, bon week-end, à la semaine prochaine.

Ils s'étaient levés, dans un brouhaha de rires et de chaises remuées. Claire rangea ses dossiers et mit son manteau précipitamment, gagnée par une impatience fébrile. Dans les grands escaliers sonores, elle se força à un pas mesuré. Elle n'allait tout de même pas descendre les marches deux par deux, comme une gamine. Traversant la cour de l'école, une angoisse la prit : s'il avait eu un empêchement de dernière minute, il n'aurait pas pu la prévenir. Elle prenait son élan pour courir vers la sortie quand Sonia vint vers elle :

— Mademoiselle Castelan... Alors ?

Claire regarda Sonia d'un air ahuri... Alors quoi ?

Elle retrouva vite ses esprits.

— Pardonnez-moi, Sonia, je n'y étais plus du tout... Oui, je vous ai trouvé quelque chose d'intéressant. Il s'agit d'un petit garçon de treize ans... Son anglais n'est déjà pas mal, mais ses parents voudraient qu'il fasse trois heures de conversation par semaine. Ça vous va ?

Le visage de Sonia s'éclaira.

— C'est formidable... J'étais plutôt fauchée...

— Je téléphone ce soir et je vous rappelle... A lundi...

— Au revoir... Merci...

Claire gagna le portail et traversa la petite rue qui séparait l'école du square où elle avait donné rendez-vous à Simon. Un petit groupe d'élèves était là, regardant en l'air. Claire leva elle aussi le nez et vit un cerf-volant évoluant gracieusement dans le ciel, frôlant les branches des arbres, frémissant, montant, redescendant au gré d'un vent capricieux qui soufflait par à-coups. A l'autre bout du square, entouré de trois enfants, Simon manœuvrait, réduisant le fil quand le cerf-volant retombait, le relâchant quand une rafale lui donnait de la hauteur. Les enfants battaient des mains, ravis.

Quand Simon aperçut Claire, il courut vers elle, surveillant d'un œil le cerf-volant, suivi par les enfants qui criaient de joie. Tournant autour d'elle, il l'emprisonna de plusieurs tours de fil, jusqu'à ce que le cerf-volant, privé de son cordon ombilical, retombe inerte sur le sol.

— Bonjour, Claire.

— Bonjour.

Simon la délivra de ses liens, et remit le cerf-volant aux enfants :

— Vous avez compris, il faut courir contre le vent... Au revoir...

Il prit Claire par le bras et l'entraîna dans la contre-allée où il avait garé sa voiture.

Simon conduisait tout en posant à Claire mille questions. Il voulait savoir comment se passaient ses journées, si ses cours lui plaisaient, les pays où elle avait été. Quand elle parlait, il tournait souvent la tête vers elle et lui souriait. A un feu rouge, alors qu'elle était silencieuse, il lui dit, avec beaucoup de sérieux, qu'elle avait de jolies mains et Claire se mit à rire. Elle riait du plaisir de l'avoir retrouvé et de cette façon qu'il avait de dire les choses. C'était bien, lui disait Simon, qu'il la fasse rire, c'était même d'une importance capitale, fondamentale et il posait d'autres questions sur ses ambitions, ses rêves, la façon dont elle se voyait plus tard, oui, plus tard, dans très longtemps, quand elle serait vieille. S'était-elle déjà imaginée vieille ? Claire hésitait... Non... elle n'y avait jamais pensé... Mystérieusement, Simon eut l'air très satisfait de sa réponse et il lui expliqua qu'il n'y a que les gens heureux qui peuvent supporter qu'un

décor d'opérette surannée. Grilles tarabiscotées, balcons de bois comme en Normandie, gloriettes en fer, parcs aux arbres guindés, tout semblait, sous ce ciel d'hiver, pétrifié à jamais, châteaux où les Belles au bois dormant ne s'éveilleraient jamais plus.

Le long du lac, sur la promenade, on avait élagué les platanes, dont les plus grosses branches semblaient guillotinées. De l'autre côté, une rambarde aux entrelacs compliqués dominait l'eau tranquille. De grands candélabres 1900 ponctuaient le paysage de leurs silhouettes ajourées et leurs globes, d'un blanc laiteux, évoquaient les nuits tièdes de l'été.

Etonnée, Claire tournait la tête de tous côtés.

— C'est drôle, ce contraste.

Simon reconnaissait chaque arbre, chaque rue.

— Ici... rien n'a bougé !

— Vous croyez qu'on va voir apparaître des messieurs en canotier... des dames avec des ombrelles ?

Un peu plus loin, ils descendirent de voiture et longèrent le lac, jusqu'à un ponton de bois moussu où s'accrochaient quelques barques. Simon était pensif, presque recueilli.

— Je venais souvent ici, le dimanche, avec mes parents. On donnait à manger aux cygnes.

— Ils habitent toujours Enghien ?

— Non... ma mère est venue vivre à Paris après la mort de mon père...

Il s'arrêta un instant.

— J'ai encore du mal à prononcer ces mots... « la mort de mon père »... C'est révoltant, la mort des autres, non ?

Le visage de Claire se ferma. La mort... Elle voulut rompre le silence.

— Il y a combien de temps ?

— Trois ans... Tout à l'heure, j'ai évité de passer devant la maison... Encore maintenant, ça me rend malade... L'odeur des hôpitaux, les hommes en blanc, muets... Je crois que je ne pourrais plus supporter tout ça...

L'hôpital... La mort... Depuis le matin, Claire n'avait pensé qu'au bonheur. Elle songea aux radios, dans la grande enveloppe jaune, sur sa table, et frissonna.

Simon perçut dans son regard ce vacillement angoissé, et lui sourit.

— Je vous ai attristée... Je suis une brute...

Il la prit par le bras, s'étonna de la trouver moins légère. Claire s'appuyait sur lui, et Simon en fut heureux.

— Claire... Pardonnez-moi... Je ne suis pas très gai... Venez... Je vous emmène chez quelqu'un que j'aimerais vous faire connaître... Un ami.

Ils reprirent la route, et Simon parla de Jean. Oui, Jean Lafaye était son meilleur ami. Il ne fallait pas que Claire s'en étonne, mais Jean n'était pas du tout un « copain », un jeune homme. C'était maintenant un vieux monsieur, très beau, à qui il devait beaucoup. Il était chimiste. Bien sûr, il ne travaillait plus, mais continuait encore à chercher dans ses cornues on ne sait quel secret. Il vivait seul et n'avait pas eu d'enfants ; c'était peut-être lui, Simon, qui l'en avait consolé. Ils se voyaient souvent.

La voiture s'arrêta bientôt devant une petite maison à la mine discrète dont la grille tinta quand Simon l'ouvrit. Ils traversèrent un jardin soigné à la va-comme-je-te-pousse, où l'on voyait quelques poireaux, des salades, un arbre, et beaucoup d'herbes sauvages qui semblaient attendre le printemps pour tout envahir.

Jean Lafaye leur ouvrit, heureux de voir Simon, qu'il regardait d'un œil pétillant de malice et d'affection. Simon présenta Claire et Jean s'excusa de ne pouvoir lui serrer la main, les siennes n'étant pas présentables, dit-il. Il entraîna Claire et Simon dans un petit salon, où il les installa dans des fauteuils qui semblaient avoir beaucoup servi. Roulé en boule, un vieux chien dormait dans un coin. La pièce était chaleureuse, on s'y sentait bien et Claire avait oublié l'enveloppe jaune.

Jean demanda à Simon où il en était de ses recherches.

— Pardonnez-moi, Claire... je peux vous appeler Claire, n'est-ce pas ?... Mais quand je vois Simon, j'ai droit à un compte rendu. Raconte-moi tout depuis la dernière fois.

Simon fit le récit de ses derniers travaux, mentionna son intervention à la conférence de l'Unesco et le mémoire que lui avait demandé Roberts. A chaque détail, Jean hochait la tête avec satisfaction : « C'est bien, c'est bien », disait-il. Il le questionna sur sa prochaine mission : L'océan Indien ? C'est très bien...

Brusquement, il consulta sa montre et se leva d'un bond :

— Mon Dieu, mon four...

Jean disparut dans la pièce à côté : on eut dit une ménagère venant de laisser brûler sa tarte aux pommes.

— C'est son atelier, dit Simon, venez, Claire.

La porte d'un four électrique était déjà ouverte, d'où Jean sortait avec précaution un morceau de verre incandescent qu'il posa sur une plaque de marbre en soupirant.

— Trop tard... Tant pis, ce sera pour demain.

Simon faisait le tour du propriétaire, examinant chaque objet, soupesant des cailloux, des blocs de terre cuite.

— A la sortie de l'école, je venais ici et on faisait des expériences...

Jean se lavait les mains au-dessus d'un évier encombré de mortiers et de coupelles.

— Tu te rappelles tes inventions ? Ton traitement pour rendre les verres incassables ?

— Génial ! Je les jetais par terre pour voir si ça marchait... et crac... en mille morceaux... Un jour, j'ai fabriqué une eau de Javel spéciale que j'ai donnée à ma mère... Elle a bousillé deux paires de draps... Ils avaient littéralement fondu...

Ils riaient tous deux en évoquant ces souvenirs.

Revenu dans le salon, Jean s'adressa à Claire :

— Aviez-vous des passions quand vous étiez petite ?

Cette question lui fit comprendre quels liens profonds unissaient Jean et Simon. Comme ils se ressemblaient...

— Oui... Enfin... J'adorais les jeux de construction... le Meccano... Mon père s'occupait de barrages à l'étranger... et je voulais devenir ingénieur... comme lui. Je l'accompagnais sur les chantiers, il m'expliquait tout ça... Avec des boîtes d'allumettes, je faisais les modèles réduits des barrages qu'il construisait. Et puis voilà... Je ne suis jamais devenue ingénieur.

Elle sourit à Simon.

— Lui, il a suivi sa passion jusqu'au bout.

Jean Lafaye avait écouté Claire attenti vement et perçu un peu de nostalgie dans sa voix, son regard.

— Transformer ses rêves en réalité... c'est ça, le secret... Mais il faut tant de courage, de chance, d'obstination...

Simon interrompit son ami.

— Tu m'y as aidé...

— C'est ce que j'ai fait de mieux...

Simon s'adressa à Claire :

— Il dit ça... mais il a fait plein de choses...

Heureux de cet hommage, Jean se redressa dans son fauteuil.

— Oh... plein de choses... J'aurais voulu être peintre... Mais c'est un don, n'est-ce pas ? Toute ma vie, j'ai eu la passion de la couleur... Les vitraux, surtout, me séduisaient... La couleur... la transparence et la lumière... J'ai passé des années à étudier la technique de la peinture sur verre... Un certain rose, surtout... le rose de la chair... et chaque fois que j'ouvrais mon four, j'étais plein d'espoir...

— Et vous avez réussi ? demanda Claire.

Jean secoua la tête, mais il n'y avait pas de tristesse dans l'aveu de son échec.

— Ce rose-là ? Non...

Il regardait maintenant au loin, cherchant dans ses souvenirs le reflet de la couleur de ses rêves.

— Bien sûr... le morceau de verre que je sortais était rose, mais d'un rose ordinaire... Il lui manquait toujours quelque chose... quelque chose come le sang sous la peau... la vie, peut-être... Mais après tout, était-ce si important ? Les gens ne parlent que de réussite... Mais regardez-les... Ils sont tristes, ils sont comme des enfants gâtés qui s'ennuient, ils n'ont pas de désirs, ils n'ont plus que des envies...

Ils burent du thé à la menthe, brûlant et

sucré, dont Claire demanda la recette, sans oser dire que c'était pour Simon. Bientôt il fallut partir. Jean Lafaye les raccompagna jusqu'à la grille du jardin. Simon s'arrêta près de l'arbre.

— Il est presque aussi vieux que moi... Tu te souviens, Jean ?

— Oui... on l'a planté ensemble... C'est un poirier.

Claire toucha de la main les branches rugueuses :

— L'hiver, je me demande toujours comment quelque chose peut pousser là-dessus. On dirait du bois mort...

La grille tinta.

— C'est vrai, dit Jean. En ce moment, mon jardin est tout nu... Il faudra revenir au printemps...

En rentrant vers Paris, Simon dit à Claire qu'il devait s'absenter quelques jours. Il allait en Bretagne, où était organisée une exposition sur la marée noire. Il avait accepté de prêter des documents et de faire deux conférences.

Claire était déçue :

— Vous partez quand ?

— Maintenant, tout de suite. J'ai un sac de voyage dans le coffre. Je vous dépose chez vous et je prends la route.

Simon lui parla de sa femme. Elle s'appelait Odette, et ils s'étaient séparés au bout de dix ans. Un divorce très convenable, aux torts réciproques, on est chevaleresque ou pas, expliqua Simon. Ils avaient une fille, Sandrine, qui avait maintenant quatorze ans et qui faisait du patin à glace. Elle était bien, Sandrine, drôle et vivante. Odette n'était pas mal non plus, elle avait ce qu'on appelle de l' « abattage », vous voyez ça ? Toujours à la dernière mode, dépensant une énergie farouche autour de ses cheveux et de ses doigts de pied, passionnée de maquillage, fascinée par l'argent. Il ne s'en était pas rendu compte tout de suite, évidemment. Elle travaillait dans une grosse boîte d'assurances, et rentrait le soir, épuisée et triomphante, ayant « arraché » trois nouveaux contrats. Les conversations avec Odette étaient devenues de plus en plus difficiles. Elle parlait beaucoup, de choses tout à fait inintéressantes, en faisant « dring dring », comme les tiroirs-caisse. Voilà, c'était tout. Quand il rentrerait de Bretagne, ils iraient voir Sandrine.

Claire avait écouté les confidences de Simon en songeant qu'il ne lui avait jamais posé de questions sur sa vie. Elle aussi, avait été mariée. Un jour, plus tard, elle lui parlerait d'Yves, et des taches de sang sur les murs de la cuisine. Un jour...

Dans l'avenue de Clichy, la croix verte d'une pharmacie clignotait. Le cœur de Claire se serra. Etait-ce un signe ? Demain, il fallait qu'elle montre ses radios. Que dirait le médecin ? Etait-il possible de déceler quelque chose dans ces images floues, imprécises, qui semblaient vouloir cacher quelque secret ?

Simon partait, c'était mieux ainsi. Elle resterait seule pour affronter ses problèmes puisque, évidemment, il n'était pas question de lui parler de cette histoire de sein...

Devant la porte de la maison de Claire ils étaient hésitants, ne sachant comment se quitter, un peu raides, les mains dans les poches. Simon regardait Claire, du regard de quelqu'un qui a tout son temps. Puis il lui caressa la joue du doigt, tendrement, comme tout à l'heure, quand il lui avait parlé de bonheur.

— Au revoir, Claire. Je peux vous téléphoner ?

— Bien sûr, quand vous voudrez...

Il s'éloigna, s'engouffra dans sa voiture, et passant devant elle, la salua d'un petit coup de Klaxon.

Sa chambre lui parut vide et hostile.

Claire se retrouva le lendemain dans la salle d'attente de son médecin. Elle était seule et analysait ce qu'il lui avait dit le matin, quand elle l'avait appelé. Il n'avait pas eu l'air particulièrement pressé de les voir, ces radios... Il avait dit exactement : « Si vous voulez, j'ai un creux entre cinq heures et cinq heures et demie, ou sinon, la semaine prochaine... » Rien d'urgent, en somme, ce qui était plutôt rassurant.

Un murmure confus de voix se fit entendre, des bruits de porte. Celle du salon d'attente s'ouvrit, et le médecin lui serra chaleureusement la main, la précédant dans son cabinet.

— Alors ? Vous avez vu ? Ça n'est pas bien méchant, cette mammographie. Montrez-moi les clichés.

Claire lui tendit l'enveloppe. Il alluma une table de vision, étala les feuilles transparentes, les examina. Comme la première fois, Claire fut tentée d'épier sur son visage ses réactions. Mais une idée lui traversa l'esprit : elle avait cru voir un signe dans le clignotement de la croix verte de la pharmacie d'hier ; il ne fallait pas qu'elle commence à s'obséder sur le moindre détail, le moindre geste, le ton de voix qu'il allait prendre, ou la façon dont il allait s'asseoir derrière sa table. Pourquoi pas les tireuses de cartes ou les voyantes ? Claire regardait obstinément le presse-papier, un bloc de verre à facettes multiples, où la lumière se réfractait en reflets irisés.

— Bon... eh bien... elles sont parfaites, ces radios...

Claire se demanda s'il parlait de la qualité des clichés, ou de sa noisette.

— On la voit très bien, votre petite boule... Savez-vous ce que nous allons faire ? Dans l'état actuel des choses, je ne suis pas du tout inquiet. Mais j'ai comme règle absolue de toujours prendre le maximum de précautions. Je vais vous envoyer consulter un spécialiste. Ne vous préoccupez pas des radios, c'est moi qui les lui ferai parvenir. D'accord ? Il prit quelques notes sur un bloc... Vous n'êtes pas trop débordée, ces temps-ci ?

— Non, répondit Claire.

— C'est très bien. J'envoie les radios et vous recevrez chez vous la convocation.

— Où est-ce ?

Claire pensait au boulevard Auguste-Blanqui...

— Rue d'Ulm, vers le Panthéon, à l'hôpital Curie.

Claire blêmit.

— Curie... Mais...

Le médecin se leva.

— Ne vous inquiétez pas, mon petit. Des gens vont à Curie tous les jours pour des vérifications de ce genre. Encore une fois, deux précautions valent mieux qu'une...

Il avait posé une main chaleureuse sur son épaule, l'entraînant vers la porte.

Claire se retrouva sur le palier sans avoir pu dire un mot, et d'ailleurs, qu'aurait-elle pu dire ? Une angoisse la bouleversa et des larmes lui montèrent aux yeux. Elle descendit l'escalier lentement, se tenant à la rampe, mais quelqu'un montait. Elle refoula ses larmes et croisa un petit garçon, son cartable sous le bras. Elle s'écarta pour le laisser passer, et lui fit un sourire :

— Pardon...

— Pardon, madame...

Une fois dans la rue, Claire s'étonna. Elle avait souri à cet enfant, par dignité, pensa-t-elle, par pudeur... Ses larmes étaient retournées d'où elles venaient, sans doute du pays des crocodiles. Cette idée absurde la réconforta. Elle se souvint des dernières paroles du médecin : « Des gens vont à Curie tous les jours pour des vérifications de ce genre... » Puisqu'il fallait y aller, à Curie, elle irait. Voilà tout.

Elle y était, à Curie... La convocation était arrivée deux jours plus tôt, tout de suite après un coup de téléphone de Simon, qui l'appelait souvent, quand ça le prenait, disait-il. En ouvrant l'enveloppe anonyme, la voix de Simon résonnant encore dans son cœur, Claire avait pu sourire : les choses douces et les emmerdes, ça faisait une moyenne.

Rue d'Ulm, en haut des larges escaliers, Claire poussa la porte de verre et se dirigea vers le bureau d'accueil où une jeune femme lui remit un billet rose. Il fallut d'abord aller au guichet de la Sécurité sociale, sortir des papiers, en signer d'autres, et ensuite traverser le hall. Claire s'efforçait de ne pas regarder tout ce monde, évitait de se poser des questions. Etaient-ils malades ces gens, où n'étaient-ils venus, comme elle, que pour une banale vérification ? On lui avait indiqué un couloir où se succédaient à gauche de petites salles d'attente. A droite, des portes surmontées de lampes rouges donnaient sur les différents cabinets des spécialistes.

Claire s'assit au bord d'un fauteuil. Il y avait là une dizaine de personnes, elle risquait d'attendre un moment et s'installa plus confortablement. Elle se souvint du presse-papier en verre, et décida d'adopter la même méthode : essayer de ne rien voir. Privée de presse-papier, elle se plongea dans la contemplation de la paume de ses mains. Ligne de cœur... ligne de vie. Il lui sembla que celle-ci était bien courte... ou était-ce la ligne de cœur ? Non, la paume de ses mains était une mauvaise idée.

Un bruit régulier et insistant attira son attention.

Tout près d'elle, un petit garçon balançait les jambes, raclant ses semelles sur le carrelage. Il était accompagné de ses parents, assis tous deux sur une banquette, comme les voyageurs d'un train de banlieue attendant le terminus. Le père croisait et décroisait ses grosses mains, irrité :

— Arrête de balancer tes jambes...

La mère s'interposa :

— Mais laisse-le donc tranquille...

Le gamin n'avait rien entendu. Le regard fixe, il avait l'air lui aussi d'attendre quelque chose d'irrévocable vers quoi le poussait la fatalité.

L'estomac noué, Claire ne pouvait plus éviter de les voir, de les regarder, tous. Pouvait-elle ignorer l'angoisse de ces visages résignés ou tendus, la trompeuse indifférence de ces gens au regard vide semblant suivre au-dedans d'eux-mêmes la marche aveugle et sourde du mal qui les menaçait ?

En face, un vieil homme avait caché le pansement qu'il avait sur la gorge avec une écharpe dont il remontait les pans de temps en temps, d'un geste mécanique.

Près de la fenêtre, deux femmes parlaient à voix basse, et l'une disait « non » obstinément, en secouant la tête.

Une infirmière passa devant la salle d'attente :

— Le quinze vert.

Le vieil homme se leva.

— Porte quatre.

Il s'éloigna d'un pas lourd, et Claire s'étonna de tant d'obéissance.

A sa gauche, une femme était assise, dont l'attitude contrastait avec celle des autres et Claire comprit pourquoi : elle avait l'air vivante... Bien calée dans son fauteuil, elle tricotait activement, tirant la laine d'un sac en plastique posé par terre. De temps en temps, elle consultait sa montre et, tout en continuant son ouvrage, observait ce qui se passait autour d'elle. On avait le sentiment qu'elle cherchait quelqu'un à qui parler, que le silence de tous ces gens lui pesait, ou même qu'elle le trouvait anormal et antipathique. Quand elle changeait de rang et tournait son aiguille, elle poussait un soupir comique qui semblait dire : « Qu'est-ce qu'ils ont dans la peau, ceux-là ? »

Elle sentit le regard de Claire et se pencha vers elle, ravie, avec un sourire complice :

— Aujourd'hui, c'est pas trop long... C'est la première fois que vous venez ?

Claire fut surprise par cette voix grave et lente, surprise et effrayée par cette étrange question. Que voulait-elle dire ? Bien sûr, ceux qui venaient ici pour la première fois n'étaient pas forcément malades, mais le ton de la dame au tricot était plein de sous-entendus menaçants. Claire lui répondit d'une voix blanche :

— Oui...

La femme hocha la tête d'un air doctrinal, comme ces vieillards qui ont toujours l'air d'en savoir plus long que les autres.

— Je vois... c'est pour une vérification ?

Elle avait détaché ce mot avec un sourire d'une insupportable ironie.

Claire refusa de toutes ses forces la panique qui l'avait saisie. Elle aurait voulu se lever, s'éloigner de cette femme, mais elle resta, retenue par une sorte de fascination.

— C'est ce qu'on m'a dit... une vérification.

La femme eut un rire de gorge, un rire de triomphe et de pitié. Claire détourna la tête, exaspérée, écoutant malgré elle le cliquetis des aiguilles.

L'infirmière revint :

— Le douze rose.

Claire se leva d'un bond.

— Porte sept.

Elle entra dans une petite cabine, dont

elle ferma précipitamment le verrou, comme pour se protéger des prédictions maléfiques de cette horrible tricoteuse. Une musique douce tombait du plafond, qui lui rappela celle que diffusent les haut-parleurs dans les avions au moment des atterrissages : « On rassure à tour de bras », se dit-elle.

Un portemanteau vissé contre le mur lui fit comprendre qu'il fallait qu'elle se déshabille. Elle ôta son manteau, ne gardant sur les épaules que son chemisier, dont les manches cachaient ses seins. On n'entre pas à moitié nue devant des gens qu'on ne connaît pas. Puis elle s'assit sur un petit banc, et poussa un soupir de soulagement. Cette femme... Au fond, elle ne lui avait rien dit de bien méchant. C'était peut-être sa nervosité qui transformait tout en allusions, en présages. Il faudrait faire attention à ne pas tomber dans le panneau...

La porte s'ouvrit de l'autre côté, et elle entra dans une vaste pièce laquée. Une secrétaire était installée devant une table, une infirmière faisait des rangements. Debout près de son bureau, le médecin avait remis les radios dans l'enveloppe jaune.

Il vint vers Claire, la priant de prendre place sur une chaise et s'assit en face d'elle. Il alla tout droit à la petite boule, tâta, palpa également le dessous du bras, l'autre sein, avec ce qui semblait une parfaite indifférence.

— C'est bien, couvrez-vous...

Il se remit à son bureau, pendant que Claire enfilait son chemisier.

— Vous êtes mariée ?

— Non... J'ai été mariée...

— Vous avez des enfants ?

— Non...

— Des fausses couches ?

— Oui... deux...

Sale souvenir... Claire fit la grimace.

— Vous travaillez ?

— Je suis interprète.

— Vous voyagez beaucoup ?

Claire sourit. Cet interrogatoire assez peu scientifique l'étonnait.

— Oui... pas mal...

Le médecin répondit à son sourire, ce qui mit Claire plus à l'aise.

— Quelle chance ! Vous avez des parents ?

— Oui... ils vivent à l'étranger.

Elle remarqua que la secrétaire prenait des notes.

— Vous n'avez pas eu d'ennuis ces temps-ci, pas de choc moral, pas de problèmes ?

Claire hésita. La mort d'Yves... cette peur de vivre...

— J'ai traversé une mauvaise période... il y a trois ans... une grosse déprime... Maintenant, ça va très bien...

— On va vous faire une radio du thorax et une cytoponction.

Ce mot inquiétant fit sursauter Claire.

— Ça fait mal ?

— Comme une piqûre, pas plus...

Elle réalisa qu'elle s'en fichait, que ça

fasse mal ou pas, elle n'était pas douillette, mais pourquoi fallait-il lui faire encore d'autres examens ?

— La radio ne suffit pas ?

Le ton du médecin avait changé. Il s'était fait plus personnel et la regardait avec sympathie.

— Vous savez, c'est très difficile d'interpréter une radio... Pour en être sûr, j'ai besoin d'un contrôle.

De nouveau, cette panique qui lui montait à la gorge... Claire s'affolait, cherchant ses mots...

— Un... contrôle... Vous pensez... vous pensez à quelque chose ?

Le médecin se leva. Il semblait pressé tout à coup, pendant que la secrétaire sortait un autre dossier.

— Pour le moment, je ne pense rien... Attendons le résultat des analyses. Après, nous verrons...

Se retrouvant dans l'étroite cabine, Claire aperçut son visage dans le miroir et remarqua cette contracture au-dessus des sourcils, signe familier de colère ou d'inquiétude. Elle y passa la main, essayant d'effacer ce faux pli. Prête à sortir, elle se demanda, en ouvrant le verrou, si la femme au tricot était encore là.

Oui, elle était là, et semblait la guetter.

Claire s'arrêta un instant, puis détourna brusquement la tête et s'éloigna rapidement.

Le lendemain, Claire devait revenir pour ces nouveaux examens. Poussant la grande porte, elle ne s'inquiétait pas de cette « cytoponction » mystérieuse, mais craignait de rencontrer la femme au tricot. Elle avait beau se dire que c'était de l'enfantillage, il lui était difficile d'oublier l'étrange visage, le rire profond, qui lui avait semblé gourmand, avide de chair fraîche, comme celui des ogresses des contes de fées.

Voulant l'éviter, Claire la chercha cependant du regard et constata son absence avec soulagement : « Ce sera pour la prochaine fois. »

Cette prochaine fois, qu'elle semblait envisager si naturellement lui fit une drôle d'impression. Allait-elle, comme les autres, entrer dans le camp des habitués ? Ce mot banal lui fit froid dans le dos, mais Claire, ce matin-là, ne se sentait pas menacée. Simon lui avait téléphoné, il rentrait dans deux jours et devait la rappeler avec, avait-il dit, un programme épatant pour son retour.

La radio du thorax, Claire connaissait, mais elle se fit expliquer cette « cytoponction ». C'est une seringue, à peine plus grosse qu'une seringue hypodermique, dont l'aiguille creuse recèle un minuscule appareil comportant deux mâchoires. Le principe est simple : on pique à l'intérieur de la tumeur, les petites mâchoires sortent de leur étui, arrachent quelques débris de cellules, et rentrent dans leur habitacle. On retire l'aiguille, l'opération ne fait guère plus de mal qu'une piqûre ordinaire. S'étant fait expliquer le mécanisme de cette intervention, Claire n'éprouva aucune appréhension. C'était une découverte intéressante : quand on sait ce à quoi on s'expose, quand on comprend pourquoi on doit l'affronter, on se sent plus fort pour le supporter. La peur de souffrir décuple la souffrance.

— Très astucieuse, cette seringue, dit Claire.

Habituée à des patients muets et résignés, l'infirmière eut un sourire amical. Elle finit de classer ses plaques, pendant que Claire se rhabillait.

— On vous convoquera dès que nous aurons les résultats.

Rejoignant la sortie, Claire songea qu'il faudrait qu'elle revienne ici encore une fois, la dernière. Elle s'était inquiétée inutilement et cette cytoponction, cette radio du thorax, n'étaient rien d'autre que ce « maximum de précautions » dont lui avait parlé son médecin. Pas de doute, elle avait un kyste, elle en aurait bientôt la confirmation. Il faudrait sans doute le lui enlever ; « ils » veulent toujours vous enlever ces drôles de choses que sont les grains de beauté, les kystes, ou les verrues. « Ils trouvent sans doute que ça fait sale, que ça fait désordre... »

Cette idée l'amusa. Claire traversa le hall

d'un pas décidé et se retrouva dans la rue, contente d'elle, ayant laissé les autres, les malades, derrière la grande porte de verre.

Claire avait confié à Olga la découverte de cette petite boule, et l'évolution des opérations. Elle lui avait aussi, bien sûr, parlé de Simon et Olga se réjouissait pour son amie de cette rencontre, qui l'avait transformée. Le jour qui suivit la cytoponction, Olga et Claire se retrouvèrent dans leur cage de verre en train de traduire différents rapports concernant un projet d'envergure : le recensement du patrimoine artistique mondial.

Pendant les pauses, Claire racontait avec animation les prouesses de la petite seringue, et surtout une nouvelle de la plus grande importance : Simon rentrait dans la nuit, il venait la prendre le lendemain matin à l'école d'Interprétation, d'où il devait l'emmener voir sa fille à la patinoire, où ils déjeuneraient ensemble... Voilà...

— Et après ? dit Olga.

Claire regarda son amie en souriant.

— Après ? Je ne sais pas... On ira peut-être se balader...

Olga et Claire ne se cachaient rien. Quand l'une ou l'autre devait rencontrer un homme qui lui plaisait, la première question posée le lendemain concernait ce qu'elles appelaient toutes deux la « sieste américaine », faire la dite sieste consistant tout simplement à faire l'amour.

Les siestes américaines pouvaient être exotiques, rasoir, ou épatantes suivant les cas. Ce jeu des adjectifs les amusait beaucoup et elles riaient encore d'une sieste « dangereusement acrobatique » qu'avait faite Olga avec un certain Robert, et d'une autre « désespérément confidentielle » qu'avait faite Claire avec un autre Robert, les Robert se suivant quelquefois sans se ressembler.

Les femmes se font souvent de ces confidences impudiques, mais deviennent muettes quand le grand A de l'amour entre en jeu. Claire ne sut rien des siestes américaines d'Olga avec l'homme qu'elle devait épouser et Olga ne s'attendait à aucune confidence de la part de Claire, puisqu'il était évident qu'entre elle et Simon, le grand A s'était imposé.

Quand les deux amies se séparèrent ce soir-là, Olga embrassa Claire avec tendresse :

— Bonne journée.

Claire comprit que cette phrase banale était un vœu de bonheur. L'amitié a besoin de moins de mots que l'amour.

Simon attendait Claire à la sortie de l'école et sans autre préambule, lui demanda combien d'élèves elle avait mis au piquet. Il lui prit le bras, Claire riait, le ciel était ce jour-là d'un bleu léger teinté de froid, les démons de la peur et de la maladie étaient exorcisés.

Simon s'excusa : la voiture était tout à fait innommable, il avait fait la route d'une seule traite, mais il était si pressé de la voir... Arrivé à quatre heures du matin à Paris, il avait dormi comme un prince, sachant qu'il ferait beau et qu'il la verrait sortir du grand portail avec son sac sur l'épaule, et les mains dans les poches.

Pendant le trajet, il lui parla de son séjour en Bretagne. L'exposition avait reçu de nombreux visiteurs, et ses conférences lui avaient valu des commentaires flatteurs dans les journaux locaux. Il y avait eu une prise de bec entre deux conseillers généraux de bords politiques différents prétendant chacun être l'inspirateur de l'exposition. Quand ils entrèrent dans la patinoire, Claire fut un instant éblouie par tant de blancheur. Une musique romantique fusait de haut-parleurs invisibles et la silhouette d'une très jeune fille évoluait avec grâce sur la piste glacée.

— C'est elle, dit Simon.

Sandrine glissait, abordant les courbes dans le même mouvement, précipitant quelquefois le rythme de ses pas pour s'élancer dans une pirouette savante qu'elle semblait exécuter avec une merveilleuse aisance, une stupéfiante facilité. Claire appréciait beaucoup le patinage artistique et jugea que la jeune fille avait des dons exceptionnels.

De temps en temps, un homme — le professeur sans doute — faisait arrêter la musique, puis venait donner à son élève une indication, ou faire une critique. Le disque reprenait un peu plus haut et Sandrine répétait les mêmes gestes, les mêmes pas, glissant et virevoltant, à la recherche de la perfection.

Sa silhouette fine semblait se confondre avec la musique et la vitesse, ses attitudes étaient pleines de grâce et de noblesse. Il y avait, cependant, dans ce petit farfadet, quelque chose d'autre, que Claire cherchait à définir. La musique se fit un instant plus douce, plus tendre, la silhouette ralentit légèrement sa course, et enchaîna une suite de figures très coulées, teintées d'ironie et de poésie. Claire avait compris : Sandrine ressemblait à Simon.

La musique cessa, la leçon était terminée. La jeune fille aperçut son père, lui fit un grand signe de la main et vint rejoindre Claire et Simon, suivie de son professeur.

Simon fit les présentations :

— Claire... ma fille Sandrine, Pierre Trente.

Le professeur était content de son élève :

— Elle travaille bien... Elle a fini par l'avoir, sa double boucle...

Simon expliqua à Claire que Sandrine devait passer un concours.

La petite était en nage, et s'épongeait le cou avec une grosse serviette. Au mot de « concours », elle croisa les doigts.

— Faut pas en parler... Mais enfin, je crois que ça va aller... Et puis, j'ai le moral...

Elle se tourna vers Claire :

— C'est marrant... quand j'ai pas le moral, je tombe... Bon... j'ai faim... Faut aussi que je me change...

Le professeur prit congé et tous trois se dirigèrent vers le restaurant, qui donnait sur la piste, à travers une grande baie transparente. Sandrine disparut un instant.

— Elle vous ressemble, dit Claire...

Simon leva les sourcils, ce qui lui faisait une tête comique.

— Oui, j'ai remarqué ça. Je ne suis pas sûr que ce soit une bonne idée. Tant pis... Mais ce qui est sûr, c'est que je l'aime... Enfin... on s'aime, quoi...

Claire trouva touchante la façon qu'il avait de parler de sa fille, avec cette brusque impudeur des mots qui donnait à ses propos une résonance particulière.

Sandrine voulut tout savoir du voyage de Simon, de ses conférences, de son travail. Elle demandait des détails, satisfaite des succès de son père. Elle posait sur lui un regard sérieux, un regard de grande personne, mais quelquefois tous deux éclataient de rire ensemble, sur un mot, une expression, un geste dont Claire ne comprenait pas la signification, espèce de code secret dont elle se sentait exclue.

Mais bientôt Sandrine se mit à questionner Claire. Elle voulut savoir ce qu'elle faisait... Interprète simultanée ? C'était quoi, simultanée ? Ça se passait comment ? Claire expliqua et la petite resta un instant rêveuse...

— En somme, quand vous parlez, ce sont tous les gens qui parlent français qui vous entendent dans leurs écouteurs ?

— Oui, c'est cela. Ou bien c'est le contraire... Je traduis en anglais ce que quelqu'un dit en français...

— Ça y est, j'ai compris... Au commencement, vous n'aviez pas le trac ?

— Chaque fois, j'ai le trac... Au début de la séance, quand j'ouvre le micro... il y a toujours un petit moment d'angoisse... un vertige... Et puis je rentre en scène... ça va... je n'ai plus peur... Le miracle...

Sandrine regardait Claire avec sympathie. Elle était bien cette fille, et jolie.

— Vous n'avez jamais eu envie de faire du théâtre ?

— Si, bien sûr, à une époque... et puis ça ne s'est pas fait... Mais vous savez, quand je traduis, c'est presque de la comédie... mais là, je peux me cacher derrière ma petite vitre...

Simon s'en souvenait bien, de la petite vitre : c'est à travers elle qu'il avait vu Claire pour la première fois.

— Vous n'y êtes pas tellement à l'abri...

Il avait dit cela avec un peu d'ironie et Claire le regarda en souriant. Cette complicité entre eux n'échappa pas à Sandrine. Elle lui fit plutôt plaisir, et, par discrétion, décida de ne plus s'intéresser qu'à la chicorée frisée qu'elle avait dans son assiette. Simon l'observait.

— Quand j'étais petit, mon père me disait :

« Si tu coupes ta salade, tu ne seras jamais invité à la Cour d'Angleterre... »

Sandrine lui répondit aussitôt, la bouche pleine :

— Ça tombe bien... justement je n'ai pas envie d'y aller.

Simon se mit à rire.

— C'est justement ce que je lui répondais...

Le rire les gagna tous trois et Sandrine regardait Claire d'un air de dire : « Voilà, il est comme ça, mon père, il est drôle, et je suis contente de voir que vous l'aimez. » Elle reprit son sérieux.

— Papa... Tu pars toujours la semaine prochaine ?

— Oui.

— Sans grande envie, cette fois...

Simon s'adressait à Claire qui resta muette, désemparée, ne s'attendant pas à l'annonce de ce voyage. Sandrine l'observait et Claire sentit qu'il fallait dire quelque chose.

— Vous allez souvent en mission ?

— Non... Une fois par an environ...

Sandrine avait remarqué l'expression de Claire et en conclut que son père, ne l'ayant pas mise au courant de son prochain départ, ne l'avait rencontrée que depuis peu.

— Tous les ans, il s'embarque sur un énorme bateau, pour ramasser de minuscules bestioles...

— J'étudie l'effet des polluants sur les phytoplanctons... vous savez... ces microscopiques végétaux aquatiques...

— Oui... je commence à avoir de vagues notions sous-marines... Ces coraux morts, l'autre jour, avec Roberts... ça m'a fichu un coup...

— La glace, au moins, c'est propre, dit Sandrine... La mer, les gens s'en foutent... C'est devenu une poubelle...

— La poubelle de l'humanité, reprit Simon, en écho. L'année dernière, en plein milieu de l'océan Indien, on a trouvé dans le filet à planctons un Mickey en plastique... Un pauvre Mickey barbouillé de pétrole... Il se baladait tout seul au bout du monde, flottant sur des kilomètres de mazout avec plein de saloperies autour... Des bidons... des sandales...

Sandrine écoutait son père avec admiration. Il lui avait si souvent parlé de la mer, des dangers qu'elle courait. Elle se passionnait pour ce qu'il faisait, ce qu'il disait.

— Et puis, ces machins en plastique, c'est indestructible...

— Dans mille ans, si on ne fait rien... l'homme étouffera sous ses propres ordures... La mer sera pourrie... L'air irrespirable... Plus de végétation, plus d'oxygène... La fin du monde, quoi...

Tout en parlant, Simon avait dégusté un gros morceau de camembert.

— Dis donc, papa... la fin du monde... ça n'a pas l'air de te couper l'appétit.

Simon leva un index solennel :

— Je savoure l'instant... Au fond... je suis un optimiste... désespéré... mais optimiste...

Il leva son verre.

— Rendez-vous dans mille ans...

— Mille ans, dit Claire, c'est loin... Les gens n'y croient pas...

— Mille ans ? C'est demain... Buvons...

— A quoi on boit ? demanda Sandrine.

— A la liberté...

Il but une gorgée, leva de nouveau son verre.

— A la pureté...

Claire se souvint à cet instant de sa petite boule.

— Santé...

Elle avait une petite voix. Sandrine et Simon s'en aperçurent. Il ne fallait pas, non, il ne fallait pas que Simon se doute de quoi que ce soit... Claire se mit à rire :

— Santé... comme disait mon grand-père...

Sandrine devant rentrer chez sa mère, ils l'accompagnèrent rue Blanche, où habitait Odette ; un de ces immeubles bourgeois côtoyant des bars, des boîtes de nuit, fermées à cette heure de la journée, mais d'où s'échappaient des odeurs de fumée froide et des ronronnements d'aspirateur. Simon reprit sa place au volant, hésita avant de mettre le contact.

— J'habite tout près...

La phrase resta en suspens quelques secondes.

— Allons-y, dit Claire...

La voiture démarra. Ils étaient silencieux,

écoutant chacun les battements de son cœur.

L'appartement était situé à quelques pas de la place Pigalle, au deuxième étage. C'était un grand studio, très haut de plafond, d'où partait un escalier de bois conduisant à une mezzanine. Au mur, une grande carte mystérieuse intrigua Claire. Elle se retourna pour interroger Simon, et le vit, debout, immobile, qui la regardait gravement. Il avait gardé sa canadienne.

— Je peux enlever mon manteau ? dit Claire.

Simon sourit, sembla sortir d'une songerie un peu nostalgique.

— Bien sûr ! Vous avez le temps de rester un peu ?

— Mais oui... Simon... c'est quoi, cette carte ?

Simon avait jeté les vêtements sur un banc, un banc de jardin peint en vert, comme dans les squares.

— Ce sont les grands fonds sous-marins... La surface cachée de la terre, avec ses plateaux, ses forêts, ses montagnes... Claire, asseyez-vous...

Il débarrassa un fauteuil qu'encombraient des journaux et des revues scientifiques.

— J'espère que vous n'avez pas horreur du désordre...

— Pas du tout... je m'en fiche.

Il s'assit auprès d'elle, sur une chaise.

— C'est là que je travaille...

La table était encombrée d'un fouillis de photos étranges. Il en prit quelques-unes.

— Tenez, voilà ces petites choses bizarres que je ramasse, et que j'étudie. C'est du plancton animal... En réalité, ce n'est qu'une fine poussière, presque impalpable... Au microscope, on les voit déjà mieux, mais ces photos, c'est beau, non ?

Sur les clichés agrandis on voyait un grouillement de bestioles étranges, au corps translucide, hérissées d'antennes, d'écailles, de pattes multiples.

— Celle-ci, dit Claire, on dirait une crevette... Et là, un homard...

— En réalité, ce sont des animaux d'une espèce très différente. Certaines de ces espèces existent et se reproduisent depuis des millions d'années. D'autres sont en voie de disparition. D'autres sont malades, malades de la pollution. C'est très grave...

Oui, Claire se souvenait de son exposé à l'Unesco.

— Je peux bien vous le dire... je n'ai rien compris à ce que vous disiez...

Simon éclata de rire...

— Ah bon... je devrais peut-être changer de vocabulaire...

— Vous n'y êtes pour rien... C'est votre voix, que j'écoutais... Vous avez une voix pas comme les autres. Ça m'a frappée tout de suite, quand vous avez demandé, au self-service, si la place était libre...

Simon n'aimait pas que l'on parle de lui. Il montra à Claire d'autres photos qu'il avait prises au cours de ses voyages. Des photos en couleur de poissons, de plantes somptueuses qui semblaient irradier une lumière surnaturelle.

— Avez-vous déjà fait de la plongée sous-marine ? demanda-t-il à Claire.

— J'ai fait comme tout le monde... Je me suis promenée en surface, avec un masque.

— C'est beau, de plonger... On a l'impression de descendre le long d'un arc-en-ciel... Devant soi, on voit ses mains... énormes, bizarres... Tout est vert... vert-bleu... on descend, et les couleurs changent... Vert foncé... vert-noir... violet-noir... et puis noir... Complètement noir... Noir liquide.

Claire écoutait, fascinée.

— Et alors ?

— Alors, on allume les lampes, et c'est fantastique... D'un seul coup, les algues, les coraux, les poissons, retrouvent leurs couleurs... Une folie de couleurs merveilleuses...

Simon regarda Claire, une pointe d'ironie dans l'œil :

— Est-ce que vous comprenez ce que je dis ?

Claire sourit.

— Je m'habitue... Simon... Une question que je me suis toujours posée : Est-ce que ça dort, les poissons ?

La voix de Simon... elle ne pourrait plus l'oublier.

— Bien sûr, ça dort... et peut-être bien que ça ronfle... Il y a même un poisson tropical qui se fabrique pour dormir une petite chemise de nuit... comme ça... vaporeuse... Il sécrète un mucus qui forme autour de lui comme une espèce d'étui...

— Un poisson en chemise de nuit !

Ils riaient tous deux, heureux d'être ensemble et de savoir qu'ils avaient encore tant de choses à se dire.

— Vous savez, dit Simon... les poissons, ils font tout comme tout le monde.

Il se leva, se dirigea vers l'escalier.

— Je vais vous faire entendre quelque chose d'étonnant... Venez.

Claire le suivit, ils montèrent tous deux vers la loggia, où couraient des étagères pleines d'objets disparates. Dans un classeur, Simon cherchait une cassette, qu'il installa sur son appareil. Des sons étranges emplirent soudain la pièce. On eût dit deux violons se répondant, s'appelant, mais des violons qui auraient volé leur voix à des sirènes, ou à quelque animal fantastique. Les notes se succédaient, lentes et graves, puis s'enflaient, montaient dans des registres plus aigus, se perdant un instant dans une sorte de sifflement très doux, pour retrouver des accents rauques, poignants, presque suppliants.

Claire, interdite, retenait ses gestes.

— Ce sont des baleines dit Simon. Le chant d'amour des baleines.

Claire écoutait, se laissant porter par la magie de ces appels mystérieux, venus de la mer et du fond des âges. Elle caressa les galets ronds posés dans la bibliothèque, toucha du doigt une belle nacre rose, en forme d'aile de libellule. Elle sentait tout près d'elle la présence de Simon, son regard sur sa nuque. Elle prit de ses mains un coquillage, et se retourna lentement vers lui.

— Et celui-là, d'où vient-il ?

— Je l'ai trouvé sur une île déserte...

La voix de Simon était un murmure, une caresse, une promesse. Claire reposa le coquillage et plongea son regard dans les yeux de Simon. Ils frémissaient tous deux de la même joie, du même désir.

— C'était beau ?

Simon prit le visage de Claire dans ses mains. Les mains de Simon... Elles descendaient le long de son cou, caressaient ses épaules. Il se pencha vers elle, la bouche contre son oreille.

— Sinistre !... Rien que des crabes et des oiseaux... Les crabes se nourrissent des bébés-oiseaux... et les oiseaux des bébés-crabes... Ils se battent depuis des siècles...

— J'imaginais une espèce de paradis...

Claire était douce, si douce... Simon la prit dans ses bras.

— Des paradis... J'en ai plein la tête...

Simon raccompagna Claire chez elle le lendemain matin. Il avait un rendez-vous au Muséum d'histoire naturelle, elle devait partir pour Londres en fin de matinée.

— Les mines de bauxite m'appellent... J'ai tout juste le temps de me changer et de foncer à l'aéroport...

— Tu rentres ce soir ?

— Le colloque se termine à cinq heures. Je peux prendre le premier avion... Londres, c'est pas loin...

— Et demain, qu'est-ce que tu fais ?

— Rien...

— Moi non plus...

Ils éclatèrent de rire ; la prochaine nuit leur appartenait, et encore une journée, et encore une nuit, les heures à venir se perdaient dans le temps, ils n'en voyaient pas la fin.

— A partir de sept heures, dit Simon, je suis à l'aéroport, et je surveille tous les avions arrivant de Londres...

Claire sourit :

— J'aurai un manteau gris, une écharpe... rose et le *Times* sous le bras...

Avant de la quitter, Simon lui caressa la joue, embrassa légèrement son front, sa bouche, mais Claire secoua la tête :

— Pas sur les yeux... Ça endort l'amour... A ce soir...

Ils vécurent tous deux des heures éblouissantes, cœur contre cœur, peau contre peau. Ils se réveillaient, étonnés de se retrouver au premier regard, affamés et, se drapant dans les paréos de Simon, couraient dans la cuisine où ils mangeaient n'importe quoi. Leur gravité du premier soir, celle de l'amour qui se donne pour la première fois, avait fait place à des élans plus sensuels, chacun cherchant dans le corps de l'autre le chemin de son plaisir. Puis ils parlaient d'eux, inlassablement, évoquant, déjà, leurs premiers souvenirs. Ils riaient souvent.

Le matin du deuxième jour, ils ouvrirent les volets. Le front appuyé contre la vitre, Claire voyait dans la rue des gens marchant en tous sens, des paquets plein les bras, enveloppés de papiers de couleur. Elle se blottit contre Simon.

— C'est fini... la fête est finie. Il faut que je rentre, Simon... Demain matin, l'Unesco à neuf heures...

— Le 31 décembre ?

— Ben oui, les peaux de vache...

Elle se tourna vers lui.

— Et après-demain, tu pars en mission... Et moi, dans huit jours, je serai à Dubrovnik... Tu connais ?

Simon la serra plus fort contre lui.

— J'y ai fait escale, une fois. Je n'ai vu que ces fameux remparts, mais c'était beau...

— Je m'en fiche, que ce soit beau... J'ai choisi ce métier pour voyager, mais aujourd'hui j'aimerais mieux... j'aimerais mieux... rien. Rester ici, avec toi...

Son regard, soudain, s'éclaira...

— Mais demain soir, on se voit... Et tu viens chez moi... On ira réveillonner chez Judith avec Olga, et on rentrera... chez moi... D'accord ?

Simon l'embrassa.

Quand il la déposa chez elle, Claire avait oublié les kilomètres qui allaient bientôt les séparer, ne pensant qu'à la soirée du lendemain ; à la nuit, surtout, nuit symbolique, qui leur permettait de vivre ensemble le premier matin de la nouvelle année.

Elle trouva du courrier dans sa boîte aux lettres. Une publicité pour des soldes, la note du téléphone et une enveloppe tapée à la machine, sans rien derrière, qui l'intrigua.

Débarrassée de son manteau, elle s'assit sur son lit, l'ouvrit et lut : « Mardi 30 décembre. Convocation à 11 h 30. Hôpital Curie. 6, rue d'Ulm. »

Une sensation de froid l'envahit, sa gorge se serra et une foule d'images vinrent se bousculer dans sa mémoire. Les mains de Simon sur ses seins, cette joie qu'elle avait eue de lui montrer son corps, le plaisir d'aimer, et de séduire. Elle se leva lentement. Avait-elle oublié, pendant ces trois jours, ce qui la menaçait ? Non... Elle avait plusieurs fois tâté sa petite boule, comme pour vérifier si elle était encore là, avec, à chaque fois, l'espoir secret de ne plus la sentir sous ses doigts, l'idée imprécise de sa possible disparition.

Claire regarda sa montre. Il était encore temps d'arriver à l'heure au rendez-vous, dont elle pensait qu'il serait le dernier. Le dernier ? Un doute atroce l'envahit. Elle tourna en rond dans l'appartement, ne trouvant plus son manteau, son sac, désemparée. Elle essaya de téléphoner à un taxi, mais une voix d'un charme exaspérant, répétait toujours la même chose : « Ne quittez pas, nous recherchons votre voiture »... « Ne quittez pas, nous recherchons votre voiture... »

Claire raccrocha, se résigna à prendre le métro.

La sarabande des signes et des maléfices recommença : il y avait treize personnes sur le quai, le train dans lequel elle monta, portait lui aussi le numéro 13... Non... pas 13, 31... mais n'était-ce pas la même chose ?

Claire était debout, accrochée à la barre centrale, luttant pour dissiper l'obsession qui la gagnait, prenait place brutalement dans chacune de ses pensées. Autour d'elle, les voyageurs immobiles semblaient autant de condamnés. Son regard se fixa sur une femme, descendit vers son corsage... Elle avait les seins nus... Claire eut peur d'avoir crié, mais personne ne lui prêtait la moindre attention. Elle fut tentée de descendre à la station suivante, mais retrouva assez de contrôle d'elle-même pour rester là, serrant la barre de toutes ses forces, se forçant à respirer normalement, à calmer la course folle qui lui tournait dans la tête. Elle descendit à Saint-Michel.

Ça allait mieux. Elle remonta le boulevard rapidement, cherchant à analyser l'impression de déjà vu, ou plutôt de déjà vécu que lui avait donnée la crise de panique qui l'avait saisie tout à l'heure. Yves... La mort d'Yves... Oui, c'était cela... Pendant deux ans après le drame, elle avait éprouvé cette même impression d'être vivante parmi les morts... les morts qui vous menaçaient de leur regard vide. Elle ne supportait plus, à cette époque, les transports publics, les cinémas, les portes fermées. « Il faudra que je fasse attention », se dit-elle ; l'idée qu'elle devait se ménager la fit sourire.

Plus qu'une centaine de mètres avant l'hôpital. Dans quelques instants, elle saurait... Mais l'angoisse avait fait place à l'espoir. « Ce n'est pas possible, pas moi. » Un rayon de soleil perçait les nuages, elle pensa à Simon.

Dans la salle d'attente, Claire retrouva la femme au tricot... Elle eut un réflexe de recul, se souvenant du rire de l'ogresse, mais balaya cette impression et s'assit auprès d'elle. La femme lui sourit gentiment, avec une sorte d'humble complicité.

— Vous n'êtes pas revenue, depuis l'autre jour ?

— Une fois, dit Claire, pour une ponction...

— Aujourd'hui, vous saurez...

Elle avait dit cela gravement, sans quitter son tricot des yeux. Elle soupira.

— ...Moi aussi je viens toujours seule... J'ai pourtant de la famille... Mais quand ça dure trop longtemps... Mes enfants travaillent... Mais c'est pas ça... Quand on est malade... on est seul...

C'était désolant, cette confidence La résignation de cette femme bouleversa Claire, qui voulut lui dire quelque chose de gentil.

— C'est joli ce que vous faites.

Elle leva un regard incrédule vers Claire.

— Je ne sais pas ... C'est pour passer le temps... Je n'ai jamais pu rester sans rien faire... Et ici... Depuis trois ans...

Elle tricotait de nouveau, plus lentement. Elle réfléchissait.

— ... Ils ne veulent rien me dire, mais moi je sais...

Elle avait murmuré cette phrase avec une conviction tranquille. La femme resta silencieuse un instant, les mains immobiles, mais les aiguilles reprirent bientôt leur cliquetis.

— Vous voyez... j'ai presque fini...

L'infirmière passait dans le couloir.

— Le huit rose...

Claire se leva, entra dans la petite cabine. Tout en ôtant son pull-over, elle pensait à ce qu'avait dit la femme : « Ils ne veulent rien me dire, mais moi je sais... » Avait-on droit à la vérité ? Etait-il souhaitable de la connaître ? Ceux qui ne voulaient pas la regarder en face pouvaient vivre ou mourir sans jamais avoir compris la gravité de leur état. Et elle ? Qu'avait-elle dit à Olga ? Rien... Qu'elle avait un kyste, et qu'il faudrait probablement le lui enlever... Etait-ce pour épargner son amie ? Ou pour se mentir à elle-même ? La vérité... Dans quelques minutes, elle saurait... Claire rectifia sa pensée... Je ne saurai que si je veux bien savoir... Mais à cet instant, elle n'y croyait pas... « Pas moi... »

Comme la fois précédente, le spécialiste l'examina avec soin et Claire céda à la tentation de surveiller son regard... Pas la moindre lueur d'intérêt, le vide... « Ou il est bien rodé, se dit Claire, ou il est vrai que je n'ai rien de grave... » Elle imagina vaguement qu'il en avait une telle habitude, que de tâter des seins du matin au soir lui avait à la longue donné ce comportement de discrète indifférence. Ça y était, il se levait de sa chaise, s'installait de nouveau à son bureau.

— Rhabillez-vous...

« C'est maintenant, se dit Claire. Allons-y. » Elle s'était assise en face lui, les mains croisées sur ses genoux. Il étudiait un papier.

— Bon... eh bien, j'ai eu vos résultats... ce n'est pas mauvais... mais ça n'est pas non plus entièrement satisfaisant...

Claire retenait son souffle, les mots se bousculaient, se brouillaient... Il fallait qu'elle se calme, qu'elle comprenne... Il avait dit « pas complètement satisfaisant ».

Le médecin leva les yeux vers elle, où elle crut discerner quelque chose comme un sourire, ou plutôt, se dit-elle, un encouragement... Il continuait :

— De toute façon, je pense qu'il vaut toujours mieux être prudent... et prendre toutes les précautions...

Ça, elle l'avait déjà entendu... Quel traquenard allaient cacher ces nouvelles précautions ? Elle écoutait attentivement.

— ... Je vais vous faire une proposition... Evidemment, nous sommes deux à décider... Voilà... Pour être tranquilles, je suggère quelques séances de rayons...

Claire serra ses mains l'une contre l'autre, ses mains qui tremblaient.

— Comment ça, des rayons... du cobalt ?

— Oui... des rayons au cobalt... Pendant six semaines... six minutes par jour...

Les jointures des doigts de Claire étaient devenues blanches... Elle crut un instant qu'elle n'arriverait pas à parler... Mais il fallait qu'il s'explique, ce type... elle n'allait pas se laisser faire, comme une imbécile...

— Mais alors... si on me fait du cobalt...

Le regard, la voix du médecin s'étaient faits rassurants.

— Vous savez, le cobalt... c'est encore ce qu'on a trouvé de mieux pour stopper un kyste qui risque de mal tourner...

Les tempes en feu, Claire luttait pour rester calme.

— Mal tourner ?...

— Ne vous inquiétez pas... Rien de grave... Mais il vaut mieux agir immédiatement...

Rien de grave ?... Claire eut un sursaut.

— C'est impossible... Je ne peux pas... J'ai un congrès à Dubrovnik... C'est très important pour moi...

Mais le médecin, comme l'autre fois, semblait brusquement pressé. Il avait, en quelque sorte, rendu son verdict, elle n'avait plus qu'à s'exécuter.

— Une seule chose est importante pour vous... Croyez-moi... Vous avez toute la vie pour aller à Dubrovnik...

Il consulta un fichier.

— On peut commencer tout de suite après les fêtes... il y aura une place libre... Ça vous va ?

Claire retenait ses larmes... Elle ne voulait pas pleurer... Ce qu'il fallait, c'était dire oui... oui à tout, à n'importe quoi, mais sortir de là, se retrouver seule pour essayer de comprendre ce qui se passait, réfléchir, retrouver ses forces, calmer la peur qui l'étreignait.

Claire se leva, salua le médecin, et rejoignit la cabine où elle évita de s'apercevoir dans la glace. Elle sortit dans le couloir, sans voir la femme au tricot qui la regarda avec inquiétude, ayant compris, à sa démarche trop vive, qu'elle fuyait, que cette jeune femme si jolie venait d'entrer, elle aussi, au cœur de l'angoisse et de la solitude.

Claire marchait devant elle sans savoir où elle allait. Mot par mot, elle essayait de se souvenir des paroles exactes du médecin, mais elle en revenait toujours au même point : si on lui faisait des rayons, c'est que c'était grave. On ne fait pas de cobalt pour n'importe quoi... Mais n'avait-il pas dit aussi que c'était le meilleur moyen de stopper un kyste inquiétant ? Elle se raccrochait un instant à cette idée, pour retomber ensuite dans l'incertitude. Et elle marchait, les yeux dans le vide, les mêmes mots revenant sans cesse la torturer.

Autour d'elle, la foule pressée, indifférente, semblait prise d'une espèce de fièvre, celle des derniers préparatifs pour le réveillon du lendemain. Les guirlandes de papier doré, les boules multicolores, les flocons de neige en coton hydrophile collés partout, ce délire de lumières et d'objets inutiles lui paraissait d'une absurdité et d'une sottise insupportables. Une vitrine de jouets attira son regard. De petites poupées pin-up nageaient dans une piscine miniature, minuscules bonnes femmes, d'une ligne parfaite, aux jolis seins rebondis, qu'admiraient un groupe d'enfants, le visage rayonnant d'admiration.

Claire songea que les poupées de son enfance étaient plutôt de gros poupons, destinés à éveiller chez les filles l'instinct maternel... Et maintenant, les poupées ressemblaient à des grandes personnes, avec des fesses, et des seins... Pour éveiller quel instinct ? Les seins... symboles de la féminité, de la séduction. Dans la piscine évoluaient des plongeurs sous-marins, autour d'un bathyscaphe... Simon... Les mains de Simon sur ses seins...

Claire détourna le regard, reprit sa marche, suivant cette avenue comme un automate. Elle se sentait plus calme, mais c'était sans doute la fatigue... Depuis combien de temps marchait-elle ainsi ? Elle ressentit une immense lassitude et s'assit sur un banc planté là, sur le trottoir. Il faisait froid et elle pensa que des gens allaient sans doute trouver bizarre cette femme assise toute seule, mais elle remarqua que personne ne lui prêtait attention... Comme dans le métro, ce matin, les autres, tous les autres n'avaient qu'un regard intérieur, tendu vers un but invisible, courant, se pressant vers leur destin. Parmi eux, il y en avait sans doute dont la vie était menacée, mais ils couraient quand même, se bousculant sans se voir. D'être là, immobile, au milieu de l'agitation des passants, du défilé obsédant des voitures, lui donna une espèce de vertige. Claire se leva brusquement, se fondit dans la foule.

Perdue dans ses pensées, l'angoisse noyant sa mémoire et ses souvenirs, Claire sentait s'installer en elle la peur obsédante de n'être plus comme les autres, d'être rejetée dans le ghetto des pestiférés, des inutiles, des malades. Les magasins rutilants, les affiches où éclataient des sourires prometteurs, disaient clairement que le monde n'était fait que pour ceux qui sont jeunes, qui sont beaux, et que cette jeunesse, cette beauté vous donnaient seules le droit de vivre.

Vivre... Etait-elle menacée, elle aussi ? Claire eut un sursaut de révolte... Non... Pas moi...

La foule devenait plus dense... Claire se trouvait rue de Rennes où les magasins de mode se succédaient, chatoyants de couleurs et de lumière. Dans une vitrine, son regard fut attiré par une robe pailletée, très décolletée. Une robe un peu folle, une robe de star, une de ces robes qu'on ne met qu'une fois. Claire la regarda avec envie. Elle se détourna, fit quelques pas, s'arrêta, pensant à Simon. Simon qui viendrait demain soir... Et Claire entra dans le magasin.

Son paquet sous le bras — comme tout le monde, se dit-elle — Claire revint dans son quartier, où elle fit quelques courses pour le lendemain. Des bougies, du champagne, des fleurs, des choses futiles et chères, à l'image de la robe merveilleuse.

Elle se coucha tôt ce soir-là, essaya de lire, mais sans y parvenir. Elle devait sans cesse reprendre plus haut sa lecture, ayant lu effectivement toute une page sans avoir eu conscience de ce que les mots voulaient dire.

Claire, exaspérée, jeta le livre à l'autre bout de la pièce. Les larmes lui montaient aux yeux, qu'elle refoulait avec une grimace. Il ne fallait pas qu'elle pleure, pas encore... Simon allait lui téléphoner et elle voulait avoir une voix calme, enjouée, une voix heureuse, pour lui répondre.

Il appela vers dix heures. Elle était déjà couchée ? C'est vrai, elle devait se lever tôt... Comment était sa chambre ? La couleur des rideaux ? Il voulait pouvoir penser à elle, l'imaginer en train de dormir. Claire lui raconta une journée imaginaire, où les heures avaient glissé, doucement, entre le souvenir de ces deux jours passés ensemble et les préparatifs de la soirée du lendemain... Sur sa table de nuit veillait l'interrupteur, masque bénéfique qui la regarderait dormir. Bonsoir... bonsoir, Simon... Bonsoir, Claire. Eteins la lumière, tu verras, ma voix sera plus proche. Bonsoir.

Claire raccrocha et, comme on se délivre d'un poids trop lourd, se laissa envahir par le désespoir.

Le réveil sonna longtemps. Claire ne s'était endormie que tard dans la nuit et avait dû prendre un cachet dont l'effet se faisait encore sentir. Quand elle ouvrit les volets, les premiers rayons d'un soleil triomphant la frappèrent en plein visage, en même temps que la réalité.

Elle la repoussa de toutes ses forces, commençant à comprendre le mécanisme des obsessions, des faux espoirs, des abandons, portes ouvertes au découragement, à la défaite. Claire avait ce matin-là un combat à livrer. Un petit combat dérisoire, mais qu'elle devait gagner : elle avait trois heures de travail à accomplir, il fallait qu'elle ait la tête bien en place, pas question de se laisser aller.

Sous la douche, elle toucha la petite boule, toujours présente, et l'insulta : « Saloperie de machin... »

Entendant sa propre voix, elle se surprit à rire. C'était un des traits de son caractère :

chaque fois que Claire se sentait mal fichue, ou cafardeuse, il lui suffisait de le dire pour que s'évanouisse son malaise. Olga connaissait bien ce mécanisme : « Claire, ma Claire, disait-elle, qu'est-ce que tu as ? » Et Claire bougonnait : « J'ai mal dans le dos » ou encore : « Aujourd'hui tout va mal, je suis d'une humeur de chien »... Et elle éclatait de rire, incapable de se prendre au sérieux.

C'est donc d'assez bonne humeur qu'elle s'installa auprès d'Olga dans la petite cage de verre, au-dessus de la salle 9, où se pressaient déjà les délégués. Olga, qui savait que Claire attendait les résultats des examens, lui posa rapidement la question :

— Alors ? Ça va ?...

Claire posa un doigt sur ses lèvres :

— Tout à l'heure... mais ça va... Je t'expliquerai...

Le sujet du jour concernait les engrais utilisés dans l'agriculture. Entraînés par les eaux de pluie ou d'arrosage, ils s'infiltrent dans le sol, venant souiller les nappes souterraines. Ces nappes alimentent des sources pouvant se trouver à des dizaines ou même des centaines de kilomètres de là, le cheminement de l'eau étant soumis à la nature du sous-sol, où elle suit, sous nos pieds, un itinéraire mystérieux.

Un des délégués avait même imaginé une source en montagne, loin de toute agglomération, coulant, limpide et tentante, entre deux rochers, ladite source étant cependant polluée, les produits chimiques résistant, hélas, au filtrage des couches géologiques successives que l'eau traverse.

Olga ayant pris le relais pour la dernière demi-heure de traduction, Claire avait terminé son travail. Elle avait gagné la petite bataille de la matinée et réfléchissait à ce qu'elle devait dire ou ne pas dire à Olga. La tentation de lui faire partager ses craintes lui vint à l'esprit, avec le désir presque enfantin de se confier, de ne pas garder pour elle seule la vérité qu'elle soupçonnait, qu'elle refusait encore, mais qui s'imposait avec de plus en plus d'évidence. Partager... Peut-on obliger quelqu'un à prendre avec vous la route de l'angoisse et de la peur ?

De toute façon, il y avait un problème urgent à régler puisque son traitement lui interdisait de s'absenter de Paris.

Les deux amies se retrouvèrent dehors et Claire raconta à Olga exactement ce que lui avait dit le médecin, prenant garde cependant à nuancer ce compte rendu de suffisamment d'ironie et d'humour pour rendre inoffensives les décisions qu'il avait prises. Olga écoutait, nullement alarmée, Claire ne semblant préoccupée que par les considérations de travail :

— En tout cas, pour Dubrovnik, c'est foutu... Je dois commencer le traitement après les fêtes...

— Pourquoi foutu ?... Ça dure combien de temps, ce traitement ?

— Six semaines...

Evidemment, ça posait des problèmes, et

Olga comprenait ; au bureau des interprètes, on n'aimait pas beaucoup que quelqu'un fasse faux bond à la dernière minute...

— Bon... écoute, on va se débrouiller... Je vais m'arranger pour te remplacer... Ne t'inquiète pas... On va aller trouver John et tout lui expliquer...

— Pas question... Je ne vais rien lui expliquer du tout... Je vais lui raconter n'importe quoi... Une vieille tante paralysée...

Olga ne comprenait pas cette réticence.

— Mais pourquoi... tu as le droit d'être malade... et puis un kyste, c'est...

Claire s'arrêta brusquement, lui coupant la parole, ne pouvant plus retenir les mots qui lui brûlaient la gorge depuis la veille.

— Un kyste ?... Quel kyste ?... Tu es complètement bornée... idiote... ou quoi ?...

Claire faisait face à Olga, la voix rauque d'une rage contenue. Elle la prit par les épaules, la secouant de toutes ses forces, exaspérée par l'idée qu'Olga n'en pensait pas moins, mais voulait, elle aussi, lui cacher la vérité.

— Je sais ce que tu penses... mais dis-le, bon Dieu !... Tu es comme le médecin, les infirmières... et les autres... Cancer... cancer... cancer... J'ai un cancer... Tu as compris ?

Des passants se retournèrent, pressèrent le pas, comme pour éviter on ne sait quelle malédiction.

Claire s'en était aperçue et se calma d'un seul coup, lâchant son emprise. Elle avait les yeux secs. Olga, désemparée, atteinte de plein fouet par la brutale révélation de Claire, comprit qu'elle s'était jusque-là bercée des mêmes illusions. Se sentant vaguement coupable d'aveuglement, elle était prête à pleurer, cachant son visage, quand Claire la prit par le bras, affectueusement.

— Pardonne-moi... Mais ça m'a soulagée... On l'a dit, cette saleté de mot... Allez, viens.

Elle entraînait Olga d'un pas décidé, sa voix avait changé, tout en elle avait changé, les miroirs complaisants étaient brisés, les faux-semblants oubliés ; devenue un personnage combattant, Claire se sentait mieux, prête à affronter le pire. Les deux amies firent quelques pas en silence. Olga ressentait douloureusement ce que le destin infligeait à Claire au moment même où un amour était entré dans sa vie.

— Et Simon ?... Tu lui as parlé ?...

La voix de Claire se durcit.

— Non... Ça changerait quoi ?... De toute façon, il doit partir... et quand il reviendra, le traitement sera terminé. Il sera toujours temps... Et puis, tu sais... avec lui, c'est le début... Je ne sais pas ce qui va se passer... peut-être rien.

Olga n'était pas dupe... Elle savait que Claire et Simon s'aimaient et cette façon que Claire avait maintenant de parler de lui l'attrista. Elle comprenait bien qu'il lui fallait se raidir pour ne pas tomber, pour affronter la maladie, mais que ce fût au prix de son bonheur lui semblait inutile et injuste. Elle ne comprenait pas et tenta de prendre la défense de cet amour qui avait, depuis quelques semaines, illuminé Claire de tant de gaieté et de douceur.

— Comment ça, rien... Après tout ce que tu m'en as dit, ça m'étonnerait...

Claire haussa les épaules. Les deux amies se séparèrent, après avoir convenu d'un rendez-vous pour le soir.

Ce réveillon faisait à Claire un drôle d'effet, un peu comme si elle devait fêter cet événement extraordinaire : « J'ai un cancer ».

Jusqu'à présent, elle avait refusé de prononcer ce mot, même intérieurement. Il lui semblait maintenant qu'il fallait au contraire le soupeser, s'y habituer, le dire cent fois, jusqu'à ce qu'il perde toute signification, comme on ne sait plus l'orthographe d'un mot très simple que l'on a trop répété.

Claire prit l'autobus et s'appliqua à regarder les gens autour d'elle. Comme c'était étrange... Hier, ils étaient menaçants, porteurs de mort, et aujourd'hui, elle se sentait indifférente au vide de leurs regards, à leur solitude. Elle se répétait « J'ai un cancer... j'ai un cancer », étonnée de ne plus avoir peur.

Elle avait quelquefois éprouvé cette impression, dans des moments difficiles où elle avait dû surmonter un obstacle. Elle disait « Je mets ma cuirasse, et j'y vais... ». Voilà... c'était ça, elle avait mis, une fois de plus, sa cuirasse, c'était bon signe, elle partait à l'attaque et cette idée d'une bataille à gagner lui donnait des forces.

Claire descendit à Palais-Royal et entra dans une librairie. D'un air faussement détaché, elle ausculta le rayon des romans étrangers, se dirigeant vers le département « médecine ». Elle examina quelques titres et se décida pour deux livres concernant le cancer. Tout en payant, cette idée de bataille lui revint en tête : « Que je sache, au moins, contre quoi je dois me battre... », se dit-elle.

Elle lut tout l'après-midi, vautrée sur son lit, cherchant, à travers les divers traitements proposés, quelle était exactement la gravité de son cas. C'était bien difficile à dire. Tant de mots différents pour désigner le même mal... Epithélioma, sarcome, entre autres. Quant aux traitements, il y avait les partisans de la chirurgie, d'abord, des rayons après, ou le contraire, suivant les cas, sans parler de la chimiothérapie et de l'immunothérapie. Bêtatron, cobalt, on entrait là dans des détails difficiles à comprendre pour qui n'y connaît rien, et Claire interrogeait ces formules sans recevoir de réponse. Un chiffre la rassura : on guérit soixante-dix pour cent des cancers du sein, ce cancer du sein étant d'ailleurs décrit avec une sorte de sérénité. N'était-il pas banal, facile à guérir, à condition, naturellement, qu'il soit « pris » à temps ? Quelques considérations sur le mécanisme du cancer l'intéressèrent davantage. On fabrique chaque jour, paraît-il, de nombreuses cellules anormales, qui sont rejetées systématiquement par les cellules saines. C'est ce qu'on appelle la « surveillance immunologique ». En somme, le jour où on comprendra pourquoi, un beau jour, cette surveillance cesse, laissant s'installer et proliférer les cellules cancéreuses, on saura guérir le cancer. Pourquoi ? Oui, pourquoi un jour, ou une nuit, les chiens de garde se sont-ils tus ? Claire ferma les livres, se prit à imaginer le grouillement anarchique qui battait sous sa peau. Ces saloperies de cellules cancéreuses se reproduisent, dit-on, à une vitesse grand V ; Claire pensa avec soulagement qu'elle n'avait pas attendu pour consulter son médecin, et que le traitement allait commencer dans deux jours. Elle avait, d'après ce que disaient les livres, un maximum de chances de s'en sortir.

Plongée dans ses pensées, Claire s'imaginait au seuil d'une course d'obstacles à franchir : ces six semaines de traitement, au bout desquelles s'ouvrait la fin d'un tunnel, le retour à une vie normale, aux projets, aux perspectives d'avenir. Oui, ces six semaines étaient bloquées dans le temps, temps mort, temps suspendu hors de la réalité. Elle songea au départ de Simon, et en conçut une sorte de soulagement : quand il serait de retour, tout serait fini, la vie reprendrait, se prolongeant avec cet amour vers un bonheur possible.

Claire se leva, ferma les volets sur la nuit scintillante des lumières de la ville. Les livres traînant à terre attirèrent ses regards. Il ne fallait pas que Simon sache, il ne fallait pas que Simon les voie. Elle les cacha dans son armoire, sous la pile de ses robes d'été, imaginant une plage ensoleillée, et du sable chaud où elle dormirait, avec Simon.

Devant son miroir, elle effaça de nouveau le pli austère qui creusait son front et se maquilla avec soin, un maquillage de fête dont elle estompa les ombres avec art, donnant à son visage plus d'éclat, à son regard plus de profondeur. Elle se prenait à ce jeu, celui d'une actrice devant, un soir de chagrin, donner au public l'image d'une femme belle et heureuse. « J'ai mis ma cuirasse, se disait-elle, il ne me manquait plus que le masque... »

Puis elle enfila sa robe, corrigea sa coiffure, et se contempla avec gravité dans la grande glace de sa chambre. Le profond décolleté mettait en valeur ses seins, vivants sous les reflets des paillettes sombres. Elle tourna lentement, comme un manequin, fit quelques pas, revint vers le miroir. Comme elle était belle !... Le désir de vivre l'étreignit brutalement, désir déchirant, qui fit renaître sur son front cette ride d'angoisse, tandis qu'un sanglot de révolte la prenait à la gorge. Claire se détourna et courut dans la cuisine pour faire quelque chose, tout de suite, rejeter loin d'elle le besoin de pleurer, de supplier elle ne savait quelles forces obscures.

Ouvrir le Frigidaire, sortir les glaçons, les mettre dans un seau de verre, remettre le seau dans le Frigidaire, remettre de l'eau dans le bac, ces gestes mécaniques l'aidèrent à retrouver son calme et pour se rassurer, rompre le silence, elle se parlait à elle-même : « Imbécile !... Pas de solo de corbillard, comme disait grand-mère... Pas de ça Lisette »...

Le téléphone sonna, c'était Judith. La voix de Claire était ferme et amicale :

— Ecoute, je ne sais pas... J'attends Simon... Non, le temps de prendre un verre... On sera là vers dix heures... Ça va ?... Bon... A tout à l'heure...

Le feu était préparé depuis le matin. Claire craqua une allumette, surveillant avec plaisir les flammes dansantes, redressant une bûche, la rapprochant de l'autre, rajoutant quelques brindilles qui se tordaient sous la morsure du feu, l'oreille tendue, guettant les pas de Simon dans l'escalier.

Quelqu'un montait les marches deux à deux, frappait à la porte quatre coups légers, négligeant la sonnette : c'était lui ! Claire ouvrit et se retrouva dans les bras d'un Simon tout froid, les cheveux humides d'un peu de neige fondue.

Il admira les fleurs et, venant pour la première fois chez Claire, fit une tournée d'inspection. Il tâtait le tissu des rideaux, passait une main caressante sur le bois des meubles, se retournait parfois pour regarder Claire qui l'observait en souriant, ne perdant pas un de ses gestes, gravant dans sa mémoire Simon devant la fenêtre, Simon soupesant un cendrier, Simon regardant les livres.

— Tu fais comme les chats, dit Claire. Tu sais ? Quand un chat arrive dans un lieu qu'il ne connaît pas...

Simon riait :

— Je connais... C'est toi... C'est tout à fait comme toi...

Claire s'éloigna vers la cuisine, d'où elle revint avec deux bougeoirs.

Simon regardait une photo de Claire petite fille, glissée dans le cadre de la glace au-dessus de la cheminée.

— Ce que tu as l'air sérieuse, avec tes petits papillons dans les cheveux... Tu pensais à quoi ?...

Claire posa les bougeoirs.

— Ça, je me le demande...

— Tu avais déjà l'air de savoir ce que tu voulais...

Claire riait, se reportant des années en arrière, du côté de son enfance.

— Ou ce que je ne voulais pas... Mon père disait qu'il y avait de la tempête dans mes sourcils...

Simon alluma les bougies.

— Une pour toi... une pour moi...

Elle s'éloigna pour aller éteindre. Les

petites flammes se reflétaient dans le miroir, tremblantes, indécises, symboles de fragilité et d'espoir.

Claire vint s'asseoir dans le fauteuil, près de Simon. Il soufflait sur le feu à l'aide d'une sarbacane, les flammes crépitaient, les braises rougeoyaient, teintant ses lunettes de lueurs dorées. Le silence était tiède, rassurant. Comme c'était simple, d'être heureux... Claire songea que tout à l'heure, les bougies s'éteindraient. Simon la regarda.

— Tu as mis une robe de sirène... Tu es belle... Tu penseras à moi, de Dubrovnik ?

Dubrovnik... Elle n'irait pas à Dubrovnik, elle irait rue d'Ulm, à Curie, affronter seule ce traitement qui devait la sauver. Claire fit un effort pour sourire. Simon vient s'installer sur l'accoudoir du fauteuil.

— Tu penseras à moi ? Perdu dans le vaste océan, flottant sur les nappes de pétrole... Dans vingt heures, je serai au bout du monde.

Il caressait les paillettes changeantes, descendait le long de ses hanches, de ses jambes, jusqu'aux fines chevilles, qu'il entourait de ses mains chaudes.

— ... Mais je t'emporte dans mon filet à planctons, ma sirène. Tu es bien, avec moi ?...

Claire détourna la tête. Un désir très doux l'envahissait, mais elle avait peur tout à coup, peur que ce ne soit la dernière fois. Se retrouveraient-ils ainsi tous deux, avec entre eux cet amour tendre, cette promesse de bonheur ?

Simon, étonné de son silence, prit le visage de Claire dans ses mains.

— Regarde-moi...

Merveilleux accord des regards échangés, se fondant l'un dans l'autre, vertige d'abandon. La voix de Simon se fit plus secrète.

— Bonne année...

Le courage de Claire vacilla. Bonne année... S'il savait... Elle ferma les yeux pour cacher sa peur et son désarroi, et deux grosses larmes roulèrent sur ses joues.

Simon la prit dans ses bras.

— Mais qu'est-ce...

— Rien...

Claire s'était redressée, refoulant son chagrin et son angoisse.

— Je suis un peu fatiguée, c'est tout... C'est idiot...

— Mais non, ce n'est pas idiot... J'aime quand tu ris... j'aime aussi quand tu pleures...

Il la regardait tendrement.

— Et si on ne sortait pas... ?

Claire fit oui d'un signe, incapable de parler. Elle posa la tête sur l'épaule de Simon, qui la berçait comme un enfant. Il ne voyait plus son visage et Claire pleurait à sanglots retenus, serrant contre elle de toutes ses forces le corps de cet homme qu'elle aimait.

Les mains de Simon sur ses jambes, sur son ventre, sur ses seins... Le désir de Simon... Le corps de Claire se déliait, ondulait sous le plaisir retenu et donné. Est-ce la dernière fois ? se disait-elle encore. Etait-il possible que leurs corps ne se soient trouvés que pour se perdre ? Chaque étreinte repoussait la maladie et la mort loin de ses pensées, mais quand elle s'éveilla avant l'aube, alors que Simon dormait encore, il lui sembla être arrivée au terme d'un voyage.

Quelque chose était fini, qui n'avait duré que peu de jours. Quelque chose qu'il lui faudrait s'efforcer d'oublier, pour ne pas faiblir dans le combat qu'elle avait à mener.

Simon retrouva Claire dans la cuisine, toute proprette, en robe de chambre, ayant préparé le café comme il l'aimait, très fort et sans sucre. Il l'avala d'un trait, s'habilla en hâte, malheureux de ce départ qui l'emportait si loin.

— Pas marrant, murmurait-il... Pas marrant du tout...

Claire le regardait en souriant, le suivant d'une pièce à l'autre, l'aidant à récupérer ses chaussettes, sa montre...

Quand il fut dans le couloir et qu'elle lui ouvrit la porte, il revint un instant sur ses pas, parcourut du regard la chambre, le salon aux rideaux bleu pâle, la cheminée, les objets, les fleurs.

— C'est bien, dit-il... Je suis prêt...

Puis il regarda Claire, la prit dans ses bras et l'embrassa tendrement.

— Au revoir, Claire... Je voudrais te dire des choses extraordinaires... mais les mots, tu sais... Au revoir...

Claire tenait le coup, mais elle savait qu'il ne fallait pas, surtout pas, dire quoi que ce soit, laisser le passage à ce déchirement qui lui gonflait la gorge.

Quand Simon eut descendu les premières marches de l'escalier, il se retourna encore et Claire lui envoya un petit baiser dérisoire, du bout des doigts. Elle referma la porte, s'attendant à ce qu'éclate son chagrin, mais rien ne vint.

Elle comprit qu'à l'instant même où Simon avait disparu, la cuirasse des grandes batailles avait repris ses droits et fermé les portes de son cœur.

Il y avait donc maintenant dans sa vie deux périodes distinctes : « avant Simon », et « après Simon ».

Claire entreprit ce matin-là de faire le ménage en grand. Les voisins, les passants s'étonnèrent de voir cette jolie femme en peignoir, un jour de premier janvier, secouer frénétiquement par la fenêtre couvertures et tapis. C'était sa façon de se défouler, de barrer la route aux attendrissements et en même temps une sage précaution prémonitoire. « Dieu sait dans quel état ça va me mettre, ces rayons, pensait-elle. Six semaines... je ne vais pas rester six semaines dans la poussière... » Et elle secouait, aspirait, frottait, chantonnant tout ce qui lui passait par la tête.

Quand tout fut astiqué, rangé, rutilant d'encaustique et de poudre à récurer, Claire prit une longue douche, se lava les cheveux, laissant l'eau ruisseler sur son visage, ses épaules, résistant à l'envie de toucher ses seins, et cette petite boule sournoise, diabolique, qu'elle avait décidé à la fois de combattre et d'oublier.

Epuisée, Claire se coucha sans dîner, et s'endormit tout de suite, poursuivie dans ses rêves par un étrange ronronnement dont elle ne savait pas — Claire la rêveuse —, s'il s'agissait de l'aspirateur ou des réacteurs à museau de requin qui entraînaient l'avion de Simon très loin, si loin...

Le lendemain 2 janvier était un vendredi, premier jour du traitement, première séance de cobalt. Dans le courant de la matinée, Claire reprit les livres sur le cancer cachés dans l'armoire et se concentra sur les mystères de ce cobalt, la « bombe », comme on l'appelle.

Pas très rassurante, cette bombe, se disait Claire, ils auraient peut-être pu appeler cet appareil autrement... Elle en comprit cependant sinon le mécanisme, du moins l'action sur les cellules cancéreuses. Ces cellules sont jeunes ; de petits monstres, en somme, se reproduisant rapidement, mais présentant moins de résistance que les cellules normales, généralement plus anciennes, formant les tissus sains entourant la tumeur. Les rayons au cobalt ont pour mission de détruire ces jeunes cellules, plus fragiles, tout en respectant les autres : question de réglage, mécanique logique, d'une simplicité évidente, qui satisfit la curiosité de Claire et, dans une certaine mesure, la rassura. Il lui semblait qu'à mieux comprendre le traitement qu'elle devait subir, il en serait plus efficace.

Le rendez-vous était fixé à quinze heures trente, comme tous les autres jours, sauf le samedi et le dimanche, les servants de la bombe ayant, comme tout le monde, droit à leurs week-ends.

C'était une heure convenable, il faisait jour, ce qui lui permettrait d'y aller à pied s'il faisait beau. Ne fallait-il pas essayer à tout prix de voir le meilleur côté des choses ? Et Claire imaginait des flâneries dans les jardins du Luxembourg, des séances de lèche-vitrines boulevard Saint-Michel, et des orgies de cornes de gazelle dans les pâtisseries orientales de la rue de la Huchette.

Elle avait faim... C'était sans doute l'idée des cornes de gazelle et Claire téléphona à Olga.

Oui... Olga était libre pour le déjeuner... Non... Judith ne s'était pas trop étonnée de son absence le soir du réveillon... Oui... Simon était parti et déjà arrivé, sans doute, c'était mieux, d'ailleurs, qu'il soit parti, on verrait bien... Plus tard... Les deux amies se donnèrent rendez-vous chez l'Italien de la rue des Canettes et il fut convenu qu'Olga accompagnerait Claire à Curie.

Au restaurant, Claire fit rire Olga en lui contant la folie de ménage qui l'avait prise la veille.

Mais les chiffres annoncés par les livres consultés étaient moins drôles : un être humain sur quatre est frappé par le cancer.

— Ici, disait Claire, regarde... Il y a trente-deux personnes dans cette salle. Sur les trente-deux, huit auront un cancer... s'ils ne l'ont pas déjà... comme moi...

Olga s'étonnait du calme retrouvé de son amie, de sa désinvolture, de ce ton détaché qu'elle avait pour parler de cette terrible maladie dont on n'ose pas prononcer le nom.

— C'est un mot comme un autre, non ?... Et si huit personnes ici vont avoir un cancer, une bonne douzaine auront un accident cardiaque... Et puis... le cancer, ça peut se guérir. Je pense que les guéris du cancer devraient, un jour, défiler de la République à la Nation... Ça remonterait le moral de tous ceux qui l'ont, et celui des autres... ceux qui ont peur...

Olga observait Claire.

— Toi... Tu n'as pas peur ?...

Claire se tut un instant.

— Non... Je n'ai pas peur... Disons qu'aujourd'hui... je n'ai pas peur...

Elles décidèrent, puisqu'elles en avaient le

temps, de se rendre à Curie à pied. Bras dessus, bras dessous, elles rejoignirent le Sénat par la rue Servandoni, dont les vieilles maisons silencieuses semblaient penchées sur leurs souvenirs. Derrière les grilles du Luxembourg, des groupes d'enfants couraient, leurs anoraks verts ou rouges égayant de taches vives les bosquets dénudés, les arbres à l'écorce noire brandissant leurs moignons vers le ciel.

La place du Panthéon, déserte, distillait un silence solennel.

Arrivant devant les grandes portes de verre de l'hôpital, Claire serra plus fort le bras d'Olga.

— Trente fois... Trente fois je vais me retrouver là... Ça me paraît insurmontable.

— N'y pense pas... De toute façon, dans une demi-heure, ça ne fera déjà plus que vingt-neuf...

La salle du cobalt se trouvait au deuxième sous-sol. « Comme un bunker, se dit Claire, ou un abri antiatomique... » Une petite salle d'attente s'ouvrait sur le couloir où était installé le bureau de l'infirmière, deux cabines de déshabillage et quelques chaises. Un appareil de vidéo permettait de surveiller l'intérieur de la salle du cobalt, dont la porte massive était fermée.

L'infirmière reçut Claire avec un sourire engageant et gentil, comme la dame des vestiaires chez le coiffeur :

— Déshabillez-vous. Torse nu... La prochaine fois, vous apporterez une serviette.

Enfermée dans la cabine, Claire entendit le bruit sourd de la porte du bunker qui s'ouvrait et celui, plus discret, de l'autre cabine, où se rhabillait sans doute la patiente qui la précédait. Très attentive, Claire analysait ces rumeurs confuses, imaginant qu'elle devrait, dans les semaines qui suivraient, entendre toujours les mêmes, à la même heure. Elle eut une pensée pour ces hommes qui passent leur première journée en prison, écoutant des bruits, des appels, des pas, des ordres, qui viendront pendant de longues années les obséder chaque jour.

L'infirmière reparut.

— C'est à vous...

Claire entra dans une grande pièce carrée, aux murs peints en vert pâle, le vert des piscines municipales et des salles de bains. L'horrible « vert d'eau », couleur glacée.

— Allongez-vous.

Elle prit place sur une table raide, une espèce de table de massage, aux pieds chromés. Au-dessus, cette fameuse « bombe », qui ressemblait plutôt à un robot de science-fiction.

L'infirmière étudiait le « plan de traitement » établi par le médecin, où des figures géométriques s'entrecroisaient en traits de couleurs différentes, formant une sorte de toile d'araignée enserrant l'image du sein imprimé sur la feuille.

— Mettez-vous sur le côté, le bras en l'air.

Le robot s'approcha de Claire, et une plaque de verre s'abaissa au-dessus de son sein. L'infirmière changea sa position :

— Le bras bien en arrière...

Puis elle ajusta sur le verre deux plaques de plomb, vérifiant sur le plan de traitement les triangles colorés.

Claire comprit que le plomb empêchait les rayons de passer, et que ces plaques étaient destinées à protéger les tissus sains se trouvant autour de la tumeur. L'infirmière contemplait le résultat, comme un peintre prend du recul avant de donner une dernière touche à son tableau. Elle penchait la tête d'un air attentif ; effectivement, ce n'était pas encore parfait. Sur une des étagères accrochées au mur, elle prit un petit sac de sable, et le mit sous le sein de Claire, changeant son orientation de quelques millimètres. Cette fois, elle parut satisfaite :

— Voilà... c'est très bien... Maintenant, je vous laisse.. Détendez-vous... Quand vous entendrez le déclic, il ne faut pas bouger... Absolument pas... Je suis à côté... nous pouvons communiquer par l'interphone...

Claire resta seule, un peu angoissée à l'idée de cette immobilité forcée, redoutant un éternuement, une quinte de toux... Un déclic se fit entendre, et Claire s'efforça de penser à autre chose, de respirer normalement... Elle regardait le plafond vert, imaginant que cette peinture anodine devait recouvrir quelques tonnes d'un matériau spécial formant écran contre les radiations. Au fond c'était ça... On l'irradiait... elle aurait désormais un sein radioactif... Amusant...

Nouveau déclic... L'appareil n'agissait plus.

L'infirmière revint et changea complètement la position de Claire. Elle était cette fois couchée sur l'autre côté, la tête dans l'autre sens... « Un tir croisé », se dit Claire... Nouvelles plaques de plomb, nouveau sac de sable... Et trois autres minutes à contempler l'eau verte du plafond.

La porte s'ouvrit encore, et l'infirmière se pencha sur elle.

— Vous voyez... c'est déjà fini...

Claire était tout à fait rassurée. Elle n'avait rien senti, rien de rien ; il fallait seulement oublier la contrainte de l'immobilité, l'angoisse de se sentir enfermée à double tour et surtout se concentrer sur le mystère de ces rayons invisibles qui la traversaient tout entière, ayant pour mission d'aller dénicher et tuer les cellules folles qui tentaient de l'envahir, de l'étouffer. L'étrange machine lui avait semblé familière, presque amicale, l'idée de la retrouver chaque jour était rassurante, le robot était son allié dans cette bataille qu'il fallait gagner.

S'étant rhabillée rapidement, Claire retrouva Olga dans le couloir, qui l'interrogeait du regard. Claire sourit.

— Tu vois, c'est pas long.

Une femme croisa Claire à cet instant : c'était la dame au tricot, qui lui fit un petit signe amical, auquel Claire répondit spontanément, avec l'impression étrange d'avoir salué une vieille connaissance.

— Qui est-ce ? murmura Olga...

— Une habituée, comme moi...

Une habituée... Ce mot l'avait glacée il y a quelques jours ; et voilà qu'aujourd'hui il lui paraissait tout naturel... Elle n'en éprouva ni crainte ni angoisse. Les habitués, c'était une espèce de famille hétéroclite, où des gens de tous âges, de toutes conditions, se retrouvaient ici pour le même combat. Ce bel optimisme la fit sourire. « Pourvu que ça dure... », se dit-elle, songeant aussitôt que six semaines d'optimisme, c'était beaucoup...

L'infirmière vint vers elle :

— A lundi... Et mettez de la crème... Ça dessèche la peau...

Ah bon... Ça dessèche la peau. Etranges rayons, qui dessèchent sans brûler et transperçent sans couper... Claire acheta de la crème dans une pharmacie de la rue Gay-Lussac.

Olga avait invité Claire à passer le week-end chez elle. Les travaux commencés n'étaient pas terminés, il manquait encore la deuxième couche de peinture, et Olga habitant assez loin, Claire préférait être à pied-d'œuvre : « sur le chantier », comme elle disait.

Rouleau et pinceau en main, Claire ne s'était jamais sentie aussi bien. Elle s'en étonnait : « J'ai un cancer, et me voilà sur un escabeau, en pleine forme... » Il lui sembla que c'était déjà une première victoire : elle pouvait prononcer intérieurement le mot « cancer » sans frémir et l'épreuve des rayons avait été positive : la « bombe » était bien sage, elle ne brûlait pas, elle n'éclatait pas, elle faisait clic-clac c'était tout...

Le dimanche soir, le « chantier » était terminé. Claire et Olga dînèrent gaiement, admirant la blancheur immaculée des murs, Claire heureuse devant un travail accompli, Olga s'étonnant de la bonne humeur de son amie.

Rentrée chez elle, Claire retrouva Simon. Présence de Simon, Simon devant la cheminée, Simon riant sous la douche, Simon dormant en travers du lit, les mains de Simon. Claire aurait aimé lui écrire, mais les escales hasardeuses laissaient peu de chances au courrier de le joindre ; elle ne pouvait risquer de laisser une lettre d'amour dormir, oubliée, dans le bureau de poste d'un port lointain. Elle étudiait son atlas, murmurant des noms mystérieux : Zeila, Eil, Obock, Mtwara, et son doigt caressait le bleu des mers inconnues, où des îles minuscules n'étaient qu'un point sur la carte, pas plus gros qu'un trou d'épingle.

Il fallut, dès le lendemain, réorganiser la réalité, chaque jour de la semaine étant désormais marqué d'un trait rouge : quinze heures trente, Curie, le traitement. Elle devait en priorité décommander son départ pour Dubrovnik. Son travail lui offrait l'occasion d'un voyage intéressant, et elle était obligée d'y renoncer... Elle se surprit à râler, prête à se plaindre de la fatalité qui la privait de cette joie... Mais les mots prononcés par le médecin lui revinrent en mémoire : « Vous avez toute la vie pour aller à Dubrovnik... » La vie... toute la vie... Oui, c'était cela qu'il fallait défendre, protéger... Six semaines pour survivre... L'enjeu était si énorme que le délai lui sembla dérisoire.

Claire connaissait bien le bureau de John Carroll, responsable du choix des interprètes, chargé de les répartir entre les diverses réunions et conférences organisées par l'Unesco. John Carrol y régnait en maître, avec cette bonhomie de bon aloi, teintée d'humour, qui est la marque de fabrique du « gentleman ». John avait la cinquantaine rubiconde, heureuse, sa vie chez « papa » lui convenait parfaitement, et la vue sur la tour Eiffel lui donnait chaque matin le sentiment d'appartenir à une élite privilégiée. Il accueillit Claire avec le sourire bref des gens qui veulent, en toutes circonstances, vous faire comprendre qu'ils sont débordés de travail et de responsabilités.

Claire lui expliqua rapidement qu'une de ses tantes, malade, venait se faire soigner à Paris, qu'elle ne pouvait pas la laisser seule, et que par conséquent, il lui était impossible pour l'instant de s'absenter. Elle lui avait dit tout cela d'une traite ; il n'y a que les menteurs professionnels qui soient capables de distiller leurs balivernes.

John avait froncé les sourcils :

— Oh... c'est ennuyeux, ça...

Il avait un léger accent anglais, et prononçait de travers son mot favori : « annuyeux ».

— Dubrovnik, c'est important... Je comptais sur vous...

Claire le rassura tout de suite :

— Je me suis mise d'accord avec Olga... Elle retarde son congé pour me remplacer.

John se leva d'un bond, et alla jeter un coup d'œil sur un grand planning affiché au mur.

— Olga ?... Ah oui... C'est exact... D'accord... O.K...

Il se rassit, inscrivit le nom d'Olga sur un petit carton.

— Olga Schweitzer... Dubrovnik... Du 8 au 17 janvier...

Il retourna vers le planning, et mit le petit carton à sa place

— ... Et qu'est-ce qu'elle a, votre tante ?...

Claire ne s'attendait pas à ce qu'on lui posât la question. Elle hésita un instant, et prononça nettement :

— Un cancer du sein.

Ce qui lui semblait une révélation digne d'intérêt laissa John complètement froid. Il lui tournait le dos, tripotant ses cartons.

— Ah !... Très annuyeux... Quel âge a-t-elle ?

Drôle d'idée, pensa Claire, qui répondit à

tout hasard en donnant l'âge de sa mère :

— Cinquante-neuf ans...

John revenait tranquillement vers son bureau.

— Ah !... Evidemment, c'est annuyeux... Mais à cinquante-neuf ans, les seins...

Il avait fait, tout en parlant, un petit geste futile de la main, et regardait Claire en souriant. Le geste, le sourire lui furent insupportables, odieux. Elle se leva, sans bien comprendre encore où était la blessure.

— Au revoir, John...

Claire sortit rapidement, s'efforçant de refermer la porte sans la claquer, blanche d'indignation.

Elle y avait songé quelquefois, mais il n'y avait plus de doute : les hommes parlaient des seins comme d'une marchandise. Quelque chose en somme que l'on croque comme une pomme, qui s'admire comme un tableau, mais que l'on jette dès que la pomme est flétrie ou le tableau démodé. C'était comme le reste : il fallait être jeune, beau, dans le vent, souriant, compétitif, .efficace, sous peine de se retrouver derrière une malle, dans un fond de placard, ou plus simplement dans la boîte à ordures.

Révoltée, Claire martelait le trottoir d'un talon vengeur. Les femmes étaient évidemment les premières victimes de cet état de choses. On dit avec une certaine admiration d'un homme qu'il a « de beaux traits burinés », mais a-t-on jamais entendu parler d'une femme burinée ? On dit simplement qu'elle est « tapée ». Les tempes argentées sont pour les séducteurs ce qu'un grain de sel est aux fraises à la crème : une touche supplémentaire de bon goût et de séduction, alors que les femmes cachent leurs cheveux blancs sous des teintures savantes, comme une tare.

Observé, détaillé, admiré ou moqué, le corps des femmes lui apparaissait brusquement comme une pâture jetée au désir des hommes. Ils s'octroyaient le droit de le prendre ou d'en sourire, de ce sourire condescendant qu'avait eu tout à l'heure John Carroll.

« A cinquante-neuf ans... les seins... »

Les seins... symboles de séduction et de sexualité... Cette évidence agaça Claire, en même temps qu'une petite phrase lui revenait en mémoire. Dans un des livres sur le cancer qu'elle avait consultés, un médecin parlait des seins « desséchés, cartonnés par le cobalt ». Le jour de son premier traitement, elle n'avait rien senti. C'était bizarre... Il faudrait tout à l'heure qu'elle soit plus attentive... Et comment était-il possible que jusqu'à présent elle n'ait pas réellement pensé à son sein ? Le cheminement de ses angoisses lui avait surtout fait craindre cette réalité au nom terrifiant : le cancer. Portée par le désir de vivre elle avait dominé sa peur, oubliant cependant quelles pourraient être les conséquences de ces rayons mystérieux sur sa peau, dans sa chair...

« Mettez de la crème... », lui avait dit l'infirmière. C'est donc qu'il y avait une menace... Mais laquelle ? C'était comment, un sein cartonné ?

Un autobus la dépassa. Une affiche était collée à l'arrière, où souriait une jeune femme montrant des seins rebondis, à peine voilés par un soutien-gorge bordé de dentelle. Serait-elle un jour condamnée par la fatalité à cacher honteusement on ne savait quel désastre ?

Sur une camionnette, une autre affiche s'étalait, vantant les mérites d'une crème solaire. Le dessin était très réussi : une jolie fille, torse nu, somnolait dans une chaise longue, et les skis, plantés dans la neige, portaient une ombre légère sur ses seins.

Claire avait vu cent fois cette affiche, sans qu'elle éveille jamais autre chose que le désir de partir aux sports d'hiver, et la secrète satisfaction de constater que ses seins étaient au moins aussi réussis que ceux qu'avait rêvés le dessinateur.

Puis elle songea qu'après tout les femmes n'avaient pas toujours de jolis seins ; ces affiches aguichantes devaient sans doute en irriter plus d'une. Les gros balluchards, les œufs sur le plat, les chaussettes vides, n'étaient pas plus attirants que des seins « cartonnés ».

Claire était généreuse, et se prit tout à coup d'affection pour les grosses femmes, les maigrichonnes, les jeunes et les vieilles, dont les seins médiocres, tristes ou franchement laids étaient confrontés plusieurs fois par jour aux seins triomphants des affiches publicitaires. Elle allait peut-être entrer dans leur camp, le camp des seins qui se cachent, mais Claire se consolait bravement en constatant qu'elle n'y serait pas seule...

Ce jour-là, elle concentra toute son attention sur ce qu'elle éprouvait pendant les six minutes que durait son traitement : rien... absolument rien... Mais au bout d'une semaine, elle put constater un phénomène curieux : la région irradiée avait changé de couleur. La peau était rose, un peu comme au premier soir des vacances après une journée passée à la plage. Le rose devint franchement rouge, et Claire comprit que ces rayons impalpables lui imposaient peu à peu une espèce de coup de soleil, avec cette différence qu'elle ne pouvait se soustraire au traitement. Pas question de rester à l'ombre quelques jours ou de se couvrir, comme on protège les enfants trop blonds d'une chemisette légère et d'un grand chapeau.

Mais Claire avait la peau solide et les deux jours « sans » du week-end lui laissaient un peu de répit. Elle organisait son travail en fonction de ses rendez-vous à Curie, et se retrouvait avec de longues après-midi de flâneries, ou des séances de menuiserie chez Olga.

Les deux premières semaines de traitement passèrent comme un souffle. L'amitié d'Olga, le sourire devenu presque affectueux de l'infirmière ponctuaient ses journées d'encouragements muets. Quelque chose, cependant, lui semblait avoir changé dans sa propre attitude, qu'elle essayait d'analyser. Le temps semblait suspendu autour d'elle, les bruits de la ville avaient perdu de leur acuité, elle vivait dans une sorte de recueillement attentif, mesurant ses gestes, dominant sa voix : « Comme une femme enceinte », se dit-elle un jour, comprenant que ses soudaines lenteurs, ses précautions en traversant les rues, les éclats étrangement atténués de l'agitation extérieure traduisaient un sentiment particulier, inconnu : l'attente. Quelque chose d'incontrôlable se passait en elle, travail secret entre la vie et la mort, bataille sourde dont elle guettait les échos, mais qui n'était que silence. Silence et solitude. La solitude de ceux qui savent taire les cris de leurs combats, et s'étonnent qu'on ne les entende pas.

Elle se trouva une après-midi chez Judith, une amie peintre, qui venait d'accrocher ses dernières œuvres dans son atelier. Des gens étaient là, que Claire ne connaissait pas et qui semblaient se mouvoir lentement dans une lumière d'aquarium. Claire tenta de se joindre aux groupes, mais ne trouva personne à qui parler ; c'était tout juste si on la remarquait. Judith allait de l'un à l'autre, recevait de nouveaux invités, souriant en passant à

Claire, d'un sourire qui semblait dire : « Je sais, tu es là... mais je n'ai pas le temps... » Les tableaux étaient beaux : « C'est drôle, disait quelqu'un... J'ai l'impression d'avoir vécu dans ces paysages... » Paysages imaginaires, où une ligne d'horizon semblait séparer la terre du ciel, ou était-ce le sable et la mer ?... Claire s'approcha d'un tableau qu'elle n'avait pas encore regardé. Elle resta figée, indécise, reprise par l'angoisse des signes prémonitoires. Le tableau représentait des seins. Des seins sans corps, nimbés d'une brume chatoyante, des seins tout seuls, qui semblaient mis là exprès pour elle. Claire se retourna, le cœur battant. La lumière de l'aquarium lui sembla plus épaisse, floue, ces gens ouvraient la bouche sans qu'elle perçoive le son de leurs voix. Il fallait s'échapper, fuir cette torpeur mortelle qui l'envahissait lentement. Claire mit son manteau et s'esquiva, soulagée de retrouver la rue, d'apercevoir sa silhouette dans les vitrines des magasins, où elle se faisait en passant un geste de la main : « Oui, Claire, c'est moi... c'est toi... J'existe... »

Un matin, rentrant de l'Unesco, où avait commencé une série de conférences sur l'alphabétisation du tiers monde, Claire eut une surprise. Elle avait à peine ouvert le portail qu'elle entendit le son d'un violon. C'était Mathieu, le fils de la concierge, qui étudiait un nouveau morceau. Claire s'arrêta, retenant son souffle, écoutant avec plaisir la ligne mélodique s'élever lentement, s'affirmer, pour éclater en traits joyeux.

Elle ouvrit tout doucement la porte et observa l'enfant qui jouait, la tête penchée, le corps tendu vers la musique, heureux. Il sentit la présence de Claire et se retourna, un sourire aux lèvres, sourire de paix, de bonheur. Claire, émue, aurait voulu lui exprimer la joie très douce qu'il venait de lui donner, mais les mots ne sont pas à la hauteur de ces impressions fugaces et Claire ne sut, elle aussi, que sourire. Les bruits de la rue chassèrent bientôt la magie de ces quelques secondes.

— Ta maman n'est pas là ?

— Non... elle est à la boulangerie.

Mathieu bondit à cet instant vers la table, où il prit un paquet pas plus gros qu'une boîte d'allumettes de cuisine.

— Tiens... Il y a ça pour toi...

Simon... Des nouvelles de Simon... Claire prit le paquet.

— Merci... Je t'ai écouté... c'était très bien...

— Pourquoi tu joues plus, toi ?...

Claire chuchotait :

— Ecoute, je jouais tellement mal que ça faisait grincer les dents à tout le monde... C'est pour ça que je t'ai donné mon violon... Toi, tu ne fais pas grincer les dents...

Mathieu l'embrassa.

— Tu me gardes les timbres...

— C'est promis... Travaille bien.

Et Claire s'éloigna vers l'escalier, pendant que Mathieu reprenait la mélodie interrompue.

Claire monta rapidement les étages, serrant dans sa main le paquet, impatiente de l'ouvrir, de se retrouver seule avec la présence de Simon, le souvenir de Simon. Simon qui avait fait le paquet, là-bas, très loin, et dont l'écriture inconnue lui ressemblait. Ayant fiévreusement ouvert la porte, Claire jeta son sac sur la table et entreprit de défaire le paquet, enserré dans toutes sortes de nœuds. Elle s'embrouillait dans la ficelle, cherchait partout des ciseaux, pestant et riant. C'était une cassette.

Claire la plaça dans le lecteur de sa chaîne stéréo, appuya sur le bouton, et s'assit sur le fauteuil bleu, toute droite, intimidée comme une pensionnaire qui reçoit des visites au parloir.

Elle entendit d'abord un déclic, puis un bruit confus, lointain. Le son monta brusquement, et un déferlement de piaillements désespérés emplit la pièce, ponctués par des froissements mystérieux : « Des battements d'ailes, se dit Claire... des oiseaux... » Elle écoutait, tendue, attendant de tout son cœur, presque douloureusement, la voix de Simon. Elle sursauta quand elle s'éleva enfin, chaude, rassurante, avec ce ton d'ironie nostalgique qu'elle aimait, et qu'elle avait oublié. Simon parlait lentement, doucement ; Claire ferma les yeux :

« Ce que tu entends, ce sont les cris d'amour des faucons bleus de Derraka, une île sur la mer Rouge, 45 degrés à l'ombre... Et maintenant tu vas entendre le cri d'un solitaire amoureux... Claire... »

Dominant les bruits d'ailes, la voix de Simon répétait son appel, se faisant plus douce, caressante. Claire riait, les joues roses de plaisir, retrouvant cette impression de légèreté, de bonheur tranquille qu'elle éprouvait auprès de lui. Simon racontait son voyage, la couleur de la mer et du ciel, les escales le long du golfe d'Aden.

« Demain, nous repartons sud-sud-est vers l'océan Indien où les phytoplanctons malades m'attendent... Triste rendez-vous... Je pense à toi... Il y a ici un matelot qui est yougoslave... Il me parle de Dubrovnik... Tu vois... je ne te quitte pas... »

Claire rêvait, bercée par cette voix retrouvée, mais sursauta quand Simon parla de Dubrovnik, sentant s'installer un étrange malaise : elle avait menti à Simon et ce mensonge mettait entre elle et lui une barrière factice, quelque chose qui lui rendait brusquement sa voix moins proche, teintant d'amertume la joie qu'elle avait à l'entendre.

A la fin du texte, Claire se leva, arrêta la cassette, ôta son manteau, rangea quelques papiers, tournant en rond, se sentant soudain seule, si seule derrière son mensonge qu'elle n'osait plus penser à Simon.

Elle mit en marche la télévision. C'était une page de publicité. Une belle jeune femme, seins nus dans un bain mousseux, parlait avec reconnaissance de « son » savon. Plus tard, elle s'élançait sur une plage déserte vers un homme qui lui tendait les bras. Ils s'embrassaient en riant, et l'ombre d'un palmier dessinait de fines rayures sur leurs corps bronzés. Agacée, Claire arrêta la télévision, remit en marche la cassette de Simon, mais le charme était rompu. Elle l'arrêta avant qu'il ne parle de Dubrovnik, envahie soudain d'une insurmontable lassitude. Allongée sur son lit, Claire essayait en vain de comprendre pourquoi elle ne lui avait rien dit. Les arguments lui venant à l'esprit lui semblaient un instant futiles, absurdes, mais elle se retrouvait bientôt devant une évidence : il ne fallait pas qu'il sache : elle guérirait, il fallait qu'elle guérisse, mais il ne saurait jamais...

Les jours passaient, et Claire commençait à sentir d'une façon plus précise les effets du traitement. L'infirmière lui posait de temps en temps, avec un sourire, une petite question : « Alors ?... Tout va bien ?... » Ou encore : « Pas trop fatiguée ?... »

Claire en conclut qu'il était normal qu'elle se sente lasse quelquefois et ne s'étonna plus de cette impression de vague qui lui montait à la tête, de cette difficulté qu'elle éprouvait à se lever, et surtout de ce sentiment de solitude qui semblait la rejeter hors du réel, l'enfermant dans une cage de verre dont elle essayait désespérément de sortir. Il fallait désormais qu'elle fasse attention en traversant les rues, en allumant le gaz, en descendant les escaliers. C'était bien elle, Claire, qui accomplissait ces gestes, mais elle n'en était plus tout à fait sûre et il lui fallait sans cesse surveiller cette autre Claire, une Claire dangereusement distraite, une Claire qui avait perdu son ascendant sur les êtres, et dont les rapports avec les objets étaient devenus difficiles. Elle avait cassé trois verres, et laissé tomber le fer à repasser.

Ayant accepté l'offre d'une agence de voyages pour qui elle travaillait souvent, Claire se retrouva avec un groupe d'industriels anglais en train de leur faire visiter l'Opéra. Ce n'était pas la première fois, et elle traduisait facilement les explications du guide, qui commentait d'une voix mécanique la longueur des couloirs, la dimension des trois coupoles, et les lambris dorés du foyer. Etait-elle ce jour-là plus fatiguée que d'habitude, mais cette voix insistante lui parut tout à coup venir d'un autre monde, en même temps que sa propre voix s'éloignait de plus en plus : ce n'était plus sa voix, mais celle de quelqu'un d'autre, dont les échos lui parvenaient à travers un voile épais. Voix inquiétante d'une inconnue, voix menaçante.

Claire sentit son cœur s'affoler. Il battait

à grands coups irréguliers, elle l'entendait taper jusqu'au creux de son cou, et devait faire un effort pour continuer de parler, de traduire, de marcher. La visite touchait à sa fin et le groupe s'apprêtait à descendre le célèbre escalier quand Claire s'arrêta net au bord de la première marche. Les balustres, les colonnes, les lignes géométriques de ce grandiose paysage architectural se mirent à bouger, à frémir d'un imperceptible tremblement, communiquant à Claire une insupportable impression de cauchemar. Elle rassembla cependant toutes ses forces : « Descendre... il faut que je descende, se disait-elle, il faut sortir... »

Sa main glissant sur le marbre de la rampe, elle réussit à affronter quelques marches, mais s'arrêta de nouveau. La sueur perlait à son front, les colonnes fuyaient, les lignes horizontales des balcons se rejoignaient, tissant une toile d'araignée, une immense toile de pierre qui tournoyait, se resserrait autour d'elle, la bousculant, l'écrasant, l'étouffant. Claire s'évanouit.

Quand elle reprit ses esprits quelques instants plus tard, on l'avait installée dans un fauteuil et des visages, tout près, l'interrogeaient du regard. Elle se sentait mieux, elle put parler, dire en riant que ce n'était rien, qu'elle n'avait pas le pied montagnard, et que l'escalier de l'Opéra était trop haut pour elle. « J'ai eu le vertige, c'est tout... »

Claire essaya le lendemain de comprendre ce qui lui était arrivé. Elle ne s'était jamais évanouie de sa vie, elle se sentait fatiguée, certes, mais pas au point d'avoir eu ce malaise, qu'elle trouvait stupide, démodé, ridicule. Sans doute, cette impression de dédoublement en était la cause. Il fallait qu'elle y soit plus attentive, qu'elle lutte contre la tentation de s'y abandonner et elle secouait la tête de temps en temps comme un cheval importuné par un essaim de mouches.

Au fil des jours, Claire constata qu'elle dormait davantage. Couchée tôt, il lui semblait qu'elle aurait pu dormir toute la nuit, et encore la journée du lendemain. Elle avait renoncé aux flâneries dans le Luxembourg, gardant ses forces pour les séances de travail à l'Unesco, les heures de cours à l'école d'Interprétation, et ce rendez-vous quotidien sous la bombe au cobalt dont la monotonie commençait à lui peser.

Rentrant chez elle un après-midi, Claire s'endormit dans l'autobus. Elle avait lutté quelques minutes contre la torpeur qui la gagnait, une torpeur irrésistible qui l'attirait comme le vide et où elle finit par sombrer. Elle entendait vaguement des bruits de porte, des chuchotis, mais ces rumeurs vagues, au lieu de la gêner, accompagnaient si bien ses rêves qu'elle dormait profondément quand finalement l'autobus eut atteint le terme de sa course. Le conducteur s'apprêtait à descendre derrière les derniers voyageurs, quand il aperçut Claire. Il vint vers elle, lui toucha l'épaule. Claire se réveilla en sursaut, ne comprenant pas qui était cet homme inconnu la regardant avec une insistance goguenarde. Il la secoua :

— Hé ! Mademoiselle... C'est le terminus...

Elle comprit tout à coup et en ressentit une humiliation insupportable, comme une gifle. Elle se leva rapidement et se dirigeait vers la sortie quand le conducteur lui lança, d'un air plein de sous-entendus :

— Moi... c'est la nuit, que je dors...

De quoi se mêlait-il, celui-là ? Claire se retourna, furieuse :

— Et moi, la nuit, je baise...

Cette bouffée de colère lui fit du bien. Elle songea que depuis plus d'une semaine, depuis son évanouissement à l'Opéra, elle vivait comme un robot, sans penser à rien, attentive seulement à ne pas se laisser dominer par l'autre Claire, la Claire maladroite et somnolente, celle qui parlait dans le vide, brusquait ses gestes, ou l'entraînait malgré elle vers des lacs de brume et de sommeil.

L'autre Claire, qui lui interdisait de penser à Simon.

Dès que son souvenir parlait à son cœur, elle le faisait taire, comme si le simple fait de prononcer son nom mentalement eût pu le rendre témoin de ses actes. Simon l'aurait ainsi accompagnée à Curie tous les jours, il l'aurait vue s'endormir dans l'autobus comme une imbécile, s'évanouir dans le grand escalier de l'Opéra. Et Simon ne devait pas savoir... Simon devant la cheminée, Simon sous la douche, Simon dans sa chambre... Claire avait tué le fantôme de Simon. Il n'aurait le droit de renaître que quand elle serait guérie...

C'est pendant son cours à l'école d'Interprétation qu'elle avait le plus de mal à l'oublier, se souvenant de leur premier vrai rendez-vous et de son impatience. Elle s'entendait courir dans les longs couloirs, se souvenait de la chemise qu'il portait ce jour-là, du cerf-volant frémissant dans le ciel pâle de cette journée d'hiver et de son ami Jean Lafaye dont le sourire serein l'avait émue.

La veille, à l'école, Sonia était venue vers elle, Sonia, à qui Claire avait fait obtenir des leçons d'anglais. Comment se passaient ces leçons ? Etait-elle contente ? Sonia regardait Claire d'un air préoccupé :

— Oui, je suis contente... Et vous, vous allez bien ?...

Claire fut surprise par cette question.

— Bien... enfin... je suis un peu fatiguée... Pourquoi ?... Ça se voit ?...

Sonia comprit que sa question avait été indiscrète et s'inquiéta de la réponse.

— Ça se voit... un peu... Rien de grave ?

Claire prit le parti de rire.

— Non... tout va bien... Je sors trop...

Le soir, Claire se regarda dans la glace.

Non pas distraitement, comme ça en passant, mais vraiment, faisant appel à tout son sens critique. C'était vrai, elle avait les cheveux ternes, et les yeux cernés d'une ombre mauve. Le pli entre ses sourcils s'était creusé, marqué d'une ride. Elle se déshabilla, et compara ses deux seins. Le coup de soleil ne s'était pas arrangé ; la peau était rouge, un peu enflée, mais tenait le coup. L'effet de « carton » annoncé dans le livre ne s'était pas encore manifesté et le traitement étant maintenant presque terminé, elle pouvait espérer y échapper. Six semaines... on faisait peut-être des traitements plus longs... Claire se doucha, résista à la tentation de toucher la petite boule, et décida d'acheter le lendemain un léger fond de teint. Attendre... Il fallait encore attendre une semaine avant de savoir... Pour la première fois depuis deux mois, Claire sentit de nouveau la peur l'envahir.

Elle l'accueillit comme un boxeur serrant la main de son adversaire avant le combat. Claire avait appris à connaître la peur, cette sournoise, qui savait si bien vous prendre au cœur ou à la gorge, quand ce n'était pas au ventre, faisant se tordre les tripes comme un nœud de serpents affolés. Elle avait su l'affronter, la dominer, entraînée par le désir et la volonté de guérir et de vivre.

Mais en cet instant Claire découvrit que sa peur avait un allié inattendu, redoutable : Simon.

Si elle guérissait, elle retrouverait Simon.

Il se pencherait sur elle, dormirait en travers du grand lit, la prendrait par le coude d'une main légère pour la guider les soirs d'été vers l'arbre aux oiseaux, et leurs ombres se confondraient sous la lumière des réverbères.

Claire se raidit désespérément, essayant de comprendre pourquoi, si elle ne guérissait pas, elle devrait renoncer à ce bonheur. Elle ne pensait pas à la mort, mais à un dénouement tragique, terrifiant, qui n'avait pas encore de visage et de nom. Quelque chose d'irréparable qui la rejetterait pour toujours dans le ghetto des malades, des exclus, monde refermé sur ses angoisses, ses misères physiques, ses déchirures, ses plaies inavouables.

Et Claire comprit que c'était la honte qui l'avait poussée à cacher la vérité à Simon.

Se retrouvant le lendemain dans les rues, elle prêta une attention particulière aux affiches, aux vitrines. Sous ses yeux, des hommes, des femmes, des enfants riaient, couraient, souriaient, pleins de santé, mangeant des crèmes laiteuses, buvant l'eau pure descendue des montagnes.

Dans le magasin où elle avait acheté sa robe de sirène, un mannequin languide croisait nonchalamment ses jambes de plastique, déesse figée offerte aux caresses, au désir.

La vie, la joie criaient sur tous les murs : « Tu es malade, malade... tu es malade. »

La honte et la peur l'étreignaient, pendant

que le souvenir de Simon se faisait plus précis, plus douloureux.

Rejoignant la station de l'autobus qui l'emmenait chaque jour à Curie, Claire traversa le petit square dont elle connaissait chaque arbuste, chaque allée de sable grinçant. Sur un banc, une vieille dame donnait à manger à quelques pigeons qui becquetaient avidement, se bousculant, s'arrachant du bec des parcelles de miettes, des grains de maïs.

Claire en passant les fit s'envoler. Ils se posèrent lourdement un peu plus loin lorsque l'un d'eux, resté là, attira ses regards.

La pauvre bête titubait, essayant vainement de déplier ses ailes dont les plumes balayaient le sol. Il tomba bientôt sur le côté, agité de sursauts spasmodiques, ses pattes roses se crispaient, ses yeux se couvraient d'une taie blanchâtre.

La vieille dame, désolée, joignait les mains :

— Mon Dieu... il va mourir...

Claire se sauva, affolée, de nouveau prisonnière des signes et des maléfices.

Quand elle poussa la porte de verre de l'hôpital, Claire la trouva plus lourde que d'habitude. Elle était épuisée. L'angoisse semblait l'avoir vidée de son sang, son regard ne s'accrochait plus nulle part et un tremblement intérieur faisait crisser ses nerfs, tendus comme des cordes de violon.

L'infirmière remarqua ses traits tirés, sa démarche hésitante :

— Vous allez bien ?...

— Oui, répondit Claire.

L'infirmière accentua son sourire.

— C'est le début de la dernière semaine... Bientôt la fin... Déshabillez-vous... Je vous appelle dans une minute.

Quelqu'un avait vu Claire entrer au deuxième sous-sol. Un homme aux cheveux blancs qui s'était détourné afin qu'elle ne puisse le reconnaître. Un homme qui marchait maintenant rue d'Ulm d'un pas lent, le visage empreint d'une tristesse infinie. C'était Jean Lafaye, le vieil ami de Simon.

— Elle aussi... murmurait-il... Est-ce possible ?...

Il n'avait vu Claire qu'une seule fois, mais il avait aimé son visage aigu, sa silhouette légère, son air attentif, sérieux, qu'éclairait un sourire désarmé. Et puis, il y avait Simon, qu'il aimait comme son fils. Simon savait-il ? Il rentrait dans quelques jours. Il faudrait lui parler... Serait-ce possible ? Il risquait de commettre une dramatique erreur en dévoilant un secret. C'est si délicat, ces choses-là...

L'infirmière venait d'installer Claire dans la position convenable : les sacs de sable étaient à leur place, et la lourde porte s'était refermée. Claire était seule pour trois minutes. Ces trois minutes qui, depuis plusieurs semaines, lui paraissaient de plus en plus longues. Elle ferma les yeux, écoutant les battements de son cœur. Elle se sentait mieux, le tremblement qui la secouait tout à l'heure s'était estompé, la réalité lui semblait moins hostile. Contemplant au-dessus d'elle la lourde machine à cobalt, l'espoir de guérir reprenait peu à peu ses droits. Oui, cette bombe au cobalt, qui l'avait tant impressionnée la première fois, ne l'inquiétait plus. Il lui semblait même qu'elle était, par essence, bienveillante, ainsi penchée sur sa vie, déité mécanique distillant ses bienfaits, fée marraine des contes de son enfance. Elle allait guérir, il fallait qu'elle guérisse, il fallait qu'elle puisse revoir Simon...

Quand l'infirmière revint, elle trouva une Claire au regard plus assuré dont le visage détendu avait repris son expression habituelle.

— Changement de position..., dit-elle gaiement.

Claire lui rendit son sourire avec reconnaissance. L'infirmière manipulait des boutons, les sacs de sable changeaient de côté, c'était maintenant le profil gauche de son sein qui était exposé aux rayons. De nouveau seule pour trois autres minutes, Claire réfléchissait aux raisons qui avaient, depuis la veille, fait vaciller son équilibre. Elle refit mentalement le chemin parcouru, depuis la peur de n'être pas guérie au terme du traitement, les cris de triomphe et de mépris lancés par ces ignobles affiches, passant par la honte d'avouer son mal à Simon et se terminant — dernière station de son dernier calvaire — par la vision de ce pigeon imbécile qui avait trouvé le moyen de venir mourir à ses pieds, exprès.

Analysant lucidement ces différents éléments, Claire en conclut qu'elle s'était fait « avoir » par le pigeon et les affiches : les sourires-dentifrice et les chiens écrasés n'avaient jamais tué personne. Il lui faudrait dominer cette manie qu'elle avait de donner quelquefois aux plus petites choses valeur de symbole.

Restait à comprendre pourquoi, si elle ne guérissait pas, il lui semblait impossible de revoir Simon...

Les deux minutes qui lui restaient ne suffirent pas à lui apporter de réponse. Déjà l'infirmière était là, déjà Claire se rhabillait, songeuse, dans l'étroite cabine.

Elle marchait vers la sortie quand la jeune femme la rattrapa :

— Vous avez oublié votre foulard...

Elle l'observait avec sympathie.

— A demain...

— Oui, à demain, merci...

Claire s'éloignait, et l'infirmière la suivit un instant du regard : elle connaissait bien l'angoisse des derniers jours de traitement. Depuis des années, elle avait observé ses malades, apeurés au début, puis confiants, vaguement hébétés, et enfin mortellement inquiets, se posant tous la même question : « Est-ce que ça a marché ?... »

La nuit suivante, Claire eut tout le loisir de retourner dans sa tête les questions qu'elle se posait concernant Simon et sa guérison : deux lignes parallèles qui semblaient ne jamais vouloir se rejoindre. Elle avait déjà compris que la honte de la maladie lui avait dicté sa conduite. Etait-ce donc honteux, d'être malade ?... Claire s'en voulut de ce qu'elle considérait comme une sottise, se traita d'idiote, mais rien n'y faisait : la honte était la plus forte. Elle se trouvait donc depuis toujours, sans le savoir, dans le camp des fiers-à-bras, des musclés, des bronzés, des loueurs de pédalos, des championnes de planche à voile et des danseuses nues : le camp de ceux pour qui un corps sain, parfait, est l'unique raison de vivre, le camp des imbéciles heureux...

Un événement en apparence anodin lui apporta le surlendemain une réponse plus nuancée aux questions qu'elle se posait concernant Simon et son refus viscéral de lui dire la vérité.

Une marque de lingerie lui avait demandé de servir d'interprète auprès de leurs acheteurs anglais pendant la présentation de leur nouvelle collection et elle avait accepté.

Le défilé avait lieu dans le salon d'un grand hôtel parisien, où une table en fer à cheval avait été installée ; on eût dit le décor de quelque conférence internationale. Les invités ayant pris place, Claire s'assit pendant que la public-relations distribuait des liasses d'échantillons, que les clients se passaient de main en main. Echantillons-papillons dont les ailes soyeuses, couleur de ciel ou de pêche, glissaient sous les doigts.

Une musique douce s'éleva bientôt de haut-parleurs invisibles, des projecteurs s'allumèrent et un étrange spectacle commença.

Une jeune femme entra, ondulant légèrement au rythme d'un slow très doux, habillée d'une combinaison ultra-courte, d'un gris pâle, presque nacré. Elle était blonde, très grande, ses cheveux bouclés effleuraient ses épaules, sa peau semblait tissée de satin, son corps parfait tournait sur lui-même, et elle penchait quelquefois la tête en souriant, comme les anges florentins.

La public-relations faisait à haute voix de brefs commentaires que Claire traduisait à ses voisins :

— Aubade. Ce modèle existe dans tous les coloris de l'échantillon numéro sept.

Les papillons voletaient, les clients prenaient des notes. L'ange tourna encore une ou deux fois, effleurant de la main le bord de la table, puis disparut.

Il revint plusieurs fois. En petit slip et soutien-gorge, des slips de plus en plus petits, des soutiens-gorge de plus en plus charmeurs. Claire traduisait, séduite, oui, séduite par cette femme d'une beauté irréelle, triomphante, qui s'offrait à tous, comme un cadeau...

Claire savait bien que la beauté n'est pas donnée à tout le monde, mais l'idée vague de ce qui la menaçait prit soudain une importance démesurée et une pensée la traversa, comme une évidence qu'elle aurait jusque-là cachée au plus profond de son cœur : l'amour est une offrande, un don de soi. Offre-t-on des fleurs fanées ? Offre-t-on un corps touché, flétri par la maladie ? Non, c'était moche, c'était malhonnête, inconvenant, indécent. Un sanglot lui monta à la gorge, qu'elle eut du mal à refouler. Elle continua cependant de traduire des mots qui lui semblaient ridicules :

— Tango. Modèle absolument invisible sous les jupes ou les pantalons. Existe dans tous les coloris de l'échantillon numéro deux... Et elle fixait désespérément le beau visage de l'ange florentin, comme on fixe dans le ciel une étoile familière, symbole d'un rêve inaccessible.

Le défilé touchait à sa fin :

— Et voici notre dernier modèle : Opéra. Déshabillé incrusté de dentelle de Calais. Parure assortie. Existe dans tous les coloris de l'échantillon numéro onze.

La belle jeune femme fit un dernier tour sur elle-même, et s'apprêtait à sortir, cette fois en reculant gracieusement, quand Claire rencontra son regard. L'ange devint grave un court instant sembla hésiter, et sourit à Claire. Un sourire chaleureux, un sourire gentil, que Claire reçut comme un message d'espoir.

— Notre présentation est terminée.

Claire dut rester encore un bon moment, aidant les clients à rédiger leurs commandes, à faire leur choix. Ses traits accusaient une légère fatigue, mais elle se dominait, s'efforçant de paraître attentive et enjouée. Elle avait envie de se retrouver seule, seule avec le souvenir de ce sourire rassurant dont elle craignait de perdre le reflet. Elle en rêva cette nuit-là, et se réveilla sans angoisses.

La journée suivante et celle du lendemain lui semblèrent s'écouler dans une sorte de silence recueilli, comme si elle eût craint, par un geste trop brusque, un éclat de voix, un rire, d'étouffer l'espoir fragile d'une guérison possible.

L'après-midi de sa dernière séance de traitement, elle avait tant fait pour garder son calme, qu'elle était presque en retard. Elle courait dans le couloir qui menait à la salle du cobalt quand l'infirmière vint à sa rencontre :

— Vous arrivez juste à temps... Dépêchez-vous...

Claire entra dans la cabine de déshabillage, puis dans la salle où trônait la « bombe » et s'installa sur la table chromée. Elle refaisait chacun de ces gestes avec l'idée que c'était pour la dernière fois : cette dernière séance lui sembla irréelle, dissoute dans le temps, ni présent, ni passé, ni avenir. Claire s'efforça de ne penser à rien pendant les six dernières minutes de cette solitude forcée auxquelles elle s'était habituée, et qui lui avaient souvent apporté ces instants de silence intérieur, de face à face avec elle-même dont elle pensa qu'ils allaient peut-être lui manquer. Dernier déclic... La porte s'ouvrit, l'infirmière entra.

— Et voilà !... c'est fini !...

Claire sourit.

— Oui, je sais !...

Elle se dirigeait vers la sortie quand lui revint en mémoire la silhouette et le rire inquiétant de celle qu'elle appelait l'ogresse, il y a six semaines. Elle aussi venait au cobalt, mais il y avait un certain temps qu'elle ne l'avait vue.

— Dites-moi... Cette dame qui tricotait tout le temps... Elle ne vient plus ?...

L'infirmière hésita un court instant avant de répondre.

— Je ne sais pas... on a dû espacer son traitement...

Claire s'arrêta, saisie. Elle avait à peine perçu l'hésitation de l'infirmière, mais ce quart de seconde pesait brusquement d'un poids mortel :

— Espacé son traitement... Je comprends...

L'image du pigeon se débattant sur le sable de l'allée du square s'imposa aussitôt, mais Claire la chassa de toutes ses forces. « Pas de signes, se dit-elle... Ça ne me concerne pas... »

Elle se rhabilla en fredonnant intérieurement la mélodie qui avait scandé la démarche gracieuse de l'ange florentin, et ce souvenir fit renaître le radieux sourire.

Claire fit ses adieux à l'infirmière, comme on salue la patronne de l'hôtel où l'on vient de passer ses vacances. Adieux sans tristesse, promesses de cartes postales que l'on n'enverra jamais.

— Et maintenant ? dit Claire.

— On vous donnera rendez-vous pour les radios de contrôle. Excusez-moi...

Trois minutes venaient de s'écouler. L'infirmière appuya sur un bouton et entra dans la grotte de plomb où quelqu'un l'attendait. Claire s'en alla, s'étonnant d'éprouver quelque chose qui ressemblait à de la nostalgie.

Les radios devaient avoir lieu à Curie quelques jours plus tard, que Claire passa sans se poser de questions. Elle était dans une espèce de no man's land où rien de grave ne pouvait lui arriver dans l'immédiat et satisfaite d'avoir retrouvé cette heure de l'après-midi qui lui avait été retranchée depuis six semaines.

Claire retourna à Curie en habituée, saluant au passage l'infirmière d'accueil. A la radio, elle retrouva le même appareil écrase-galette, les mêmes signes de plastique posés sur la tablette. Mais cette fois, ça faisait mal : son sein, imprégné de rayons, était dur et sensible.

— Ne respirez plus...

Clic... fit l'appareil.

— Respirez...

Elle reprit son souffle, mais le fantôme de la peur était revenu : le « clic » était tombé comme le couperet de la guillotine, inscrivant sur la plaque photographique la réponse à cette question dont dépendait son avenir, sa vie, son amour : « Est-ce que le traitement a marché ? »

Profil droit, profil gauche, vu de haut en bas... Clic... clic... respirez... C'était fini.

— Vous pouvez vous rhabiller. On vous enverra une convocation...

Claire se perdit dans la foule du boulevard Saint-Michel en s'interrogeant sur la méthode à employer, cette fois encore, pour surmonter l'attente insupportable du verdict. Où trouver le courage de repousser les affiches hurlantes, le pigeon mourant, les mains de Simon, la honte ? Le sourire de l'ange florentin avait pâli, n'était plus qu'une grimace, un rictus ironique et lointain.

Claire était fatiguée. Elle retombait souvent dans les étangs sournois de la somnolence, son pas avait perdu toute vivacité, et elle avait refusé plusieurs offres de travail, préférant rester chez elle où cependant la moindre tâche à accomplir lui paraissait insurmontable : le « clic » de l'appareil résonnait sans cesse à ses oreilles, comme une menace.

Quand la concierge lui tendit une enveloppe anonyme — signes particuliers néant — Claire l'ouvrit fébrilement : rendez-vous rue d'Ulm le mercredi suivant, à dix-sept heures trente.

Ça y était !... Cette fois le temps ne se découpait plus en mois et en semaines, mais en jours, en heures, en secondes, comme le compte à rebours du lancement d'une fusée interplanétaire. Le temps est implacable, aveugle et sourd. Claire imaginait un robot avançant à pas lents et réguliers, l'entraînant avec elle vers une porte fermée : la porte du cabinet du spécialiste.

Après-demain je saurai... Demain, je saurai... Aujourd'hui... Tout à l'heure... Maintenant...

Assise dans la cabine de déshabillage, Claire était au seuil de la porte. Depuis qu'elle avait ouvert l'enveloppe, un optimisme farouche, presque rageur, avait pris la place des angoisses prémonitoires et des signes. Guérie, elle était guérie... Et cet homme, là derrière, allait le lui dire...

La porte s'ouvrit. C'était l'infirmière.

— Asseyez-vous.

Claire prit place sur la chaise qu'on lui désignait et le médecin vint s'installer devant elle, comme la première fois.

— Comment vous sentez-vous ?

Il lui palpait le sein, délicatement.

— A peu près bien... Mais je m'endors n'importe où, comme une souche...

Claire s'étonnait d'avoir sa voix habituelle,

alors que dans sa tête le tic-tac du robot s'amplifiait à chaque seconde.

— C'est une réaction normale... Levez le bras... Pas de problème de souffle ?

— Si... Un peu... Les escaliers, surtout. Je monte comme les petits vieux... Pas trop vite...

Elle souriait, elle plaisantait. L'expression du médecin était parfaitement neutre.

— Rien de grave... Couvrez-vous...

Il s'était levé et assis à son bureau.

Claire remit son chemisier et changea de chaise. Ils étaient maintenant face à face tous deux, le tic-tac du robot s'atténuait, comme pour mieux écouter. Le médecin consultait un dossier. Encore deux secondes... Claire avait rassemblé toutes ses forces, prête à exulter, ou à mordre.

Le médecin se racla la gorge.

— Bon... J'ai examiné vos radios... Les rayons ne sont pas suffisants.

Cette première balle était un boulet de canon. Claire riposta immédiatement.

— C'est-à-dire ?

— Votre tumeur n'a pas beaucoup régressé...

Ah non ! Pas ça ! La voix de Claire devint sifflante, mais elle souriait.

— Tumeur... Vous voulez dire cancer...

Le médecin, très calme, la regardait dans les yeux.

— Cancer ? C'est un mot que je n'aime pas prononcer...

« Cause toujours, pensait Claire... Voyons

un peu de quelle couleur sera la salade. »
Le médecin continuait.

— Il n'y a pas « le » cancer, mais « des » cancers... Et même dans les cas graves, je ne perds jamais l'espoir de guérir...

Elle bondit.

— Je sais que j'ai un cancer... C'est même ça qui me donne la force de lutter... Vous comprenez ?... Et je ne supporte ni l'hypocrisie ni les mensonges...

Elle pensait l'avoir étonné, désarmé, mais il n'avait même pas l'air surpris.

— Je ne suis pas là pour raconter des histoires... Mais nous ne disons que des vérités acceptables, supportables... A chacun la sienne... Tous les cancers ne sont pas mortels... Le vôtre a été pris à temps...

Claire n'avait entendu que les deux dernières phrases. Tout n'était pas perdu... Elle pouvait guérir. Il le fallait. Elle avait encore les nerfs à fleur de peau, mais se dominait mieux. Simon... Simon... Il fallait guérir, pour Simon...

— Bon... d'accord..., murmura-t-elle.

Il fallait garder son calme, aller jusqu'au bout.

— Alors ?...

Elle regardait le médecin. Qu'avait-il derrière la tête ?

— Il faut continuer les rayons ?

— Je ne pense pas que ce soit suffisant...

— Qu'est-ce que vous proposez ?

— La chirurgie...

Claire n'avait jamais envisagé cette éventualité. Ce qu'elle avait lu lui revint en mémoire :

— Et la chimiothérapie ?... Et l'immunothérapie ?

— Pas dans votre cas.

La sortie de secours se rétrécissait : il ne restait donc que la chirurgie.

— Et cette opération consisterait en quoi ?... Vous voudriez ôter la tumeur ? Ce qu'il en reste ?...

— Oui, c'est cela... mais sans doute plus...

Claire ne réfléchissait pas, ne voulait pas comprendre.

— Plus ?... Vous voulez dire quoi exactement ?

— Le sein...

Voilà... C'était ça... Claire resta muette, hébétée.

— Je sais..., continua le médecin, c'est un gros sacrifice. Mais si vous attendez, vous courez un risque très grave...

Bouleversée, Claire voulait encore lutter.

— Mais... il y a des femmes qui ont été soignées autrement...

— Dans votre cas, on ne peut pas éviter l'opération...

D'un seul coup, Claire bascula dans la révolte.

— Non... Je ne veux pas... Je ne veux pas...

Elle secouait la tête, répétant « Je ne veux pas », et sa voix devenait à la fois plus faible et plus aiguë.

Mais le médecin avait encore quelque chose à dire. Quelque chose qu'il disait chaque fois, chaque jour, au même moment de ces dialogues navrants, désespérés, dont il connaissait tous les détours.

— Vous savez, ce qui compte avant tout, c'est la vie...

Claire aurait voulu hurler, mais elle n'en avait pas la force.

— Mais je m'en fous de la vie !... Si je ne suis plus une femme, si je suis mutilée... Je m'en fous !

Claire pleurait à présent, cherchant un mouchoir dans son sac, balbutiant d'une voix qu'elle ne reconnaissait pas : sa voix de petite fille.

— Je m'en fous... Vous entendez... Je m'en fous...

Il n'y avait rien à répondre. Le médecin regardait l'infirmière qui classait calmement des dossiers. Le silence, ponctué par le bruit métallique des tiroirs ouverts et fermés, par les sanglots de Claire, semblait devoir durer longtemps, mais ni le médecin ni l'infirmière ne s'impatientaient. Ils savaient que cette jeune femme voulait mourir, ils respectaient son désespoir, mais ils savaient aussi que la vie allait bientôt la tirer par la manche et qu'ils n'auraient pas longtemps à attendre.

Claire avait cessé de pleurer. Elle aurait voulu se moucher, mais son mouchoir n'était plus qu'une boule trempée de larmes. L'infirmière lui tendit un papier absorbant.

— Merci, dit-elle...

Elle se moucha, et demanda d'une voix plus assurée :

— Où est-ce que je le jette ?...

— Là, lui dit l'infirmière, approchant une corbeille à pédale.

Claire se leva, resta immobile un instant, comme pour retrouver son équilibre, et se dirigea vers la porte de la cabine. Avant de sortir, elle se retourna :

— J'ai combien de temps pour réfléchir ?

— Ne tardez pas trop, dit le médecin... Disons... Une semaine... Mais nous vous écrirons..

Dans la cabine, Claire aperçut dans la glace ses yeux gonflés, ses sourcils froncés et sa bouche, crispée, tordue, qui lui faisaient un masque inquiétant de vieillarde. Elle s'en foutait, comme du reste... Elle enfila son manteau, mit son écharpe, se retrouva dans le couloir et franchit la porte de verre de l'hôpital comme une somnambule.

Elle marcha longtemps dans les rues animées, du côté du boulevard Saint-Germain, puis rue de Rennes, jusqu'à la gare Montparnasse. Elle marchait vite et ce mouvement vif l'empêchait de penser. Il ne fallait pas penser... pas encore. La fatigue l'obligea à ralentir cette course sans but et des mots, des phrases commencèrent à se presser sur ses lèvres. Elle se surprit ainsi à parler toute seule, d'une voix sourde, monotone, comme une clocharde ivrogne. Elle s'entendait parler, elle s'écoutait et tout à coup l'horreur de ces mots, de ces phrases, l'atteignit brutalement. « Un sein... mon sein... On va m'enlever un sein... » Elle se tut, affolée, les mêmes mots continuant à résonner dans ses oreilles, portés par un écho intérieur : « On va m'enlever un sein... » Cette répétition, ce harcèlement tenace de mots dangereux lui rappela qu'elle avait ainsi répété inlassablement le mot « cancer » jusqu'à plus soif, jusqu'à le rendre incompréhensible, inoffensif et familier, dompté. Etait-ce un jeu ? Pourquoi pas ? Elle continua donc de marmonner pour elle seule : « On va m'enlever un sein... On va m'enlever un sein... »

Mais le jeu était faussé, les cartes n'étaient pas les mêmes. On pouvait guérir d'un cancer et s'en sortir à peu près intact...

Qu'on vous enlève un sein était insupportable, odieux, inacceptable, injuste.

Pourquoi moi ?

La révolte souffla dans son cœur un vent de haine. Tous ces gens qu'elle croisait lui semblèrent bêtes et repus, grossiers, indifférents. Ils collaient leurs faces stupides aux vitrines et des femmes laissaient pendre au bout de leur bras des filets à provisions encore vides, comparant les prix, musardant entre les étals où croulaient les oranges et les endives.

Claire marchait lentement, fascinée par ces montagnes de bouffe, pendant qu'une petite voix intérieure rigolait méchamment : « Crevez... crevez tous... De toute façon vous allez tous crever... Et moi avec... Mais moi, je m'en fous de la vie... On va m'enlever un sein... »

Une boucherie exhibait des montagnes de tripes et de boudins, de têtes de veaux écorchées, leur langue pendante décorée de roses en plastique. Dans le fond des plats de porcelaine épaisse, le sang coagulé brillait sous les lumières. Le sang... Tout ce sang... Le rouge de la chair fraîchement coupée... Un vertige la saisit. Claire leva les yeux pour ne plus voir le sang, mais là-haut, tout en haut de l'étalage, elle crut voir, elle vit, bien alignés, une rangée de seins suspendus à des crochets...

Une nausée lui tordit l'estomac, crispa son visage. Claire se détourna vers le caniveau, se pencha en avant et vomit longuement une mousse amère.

Quand elle se redressa, son regard chercha quelqu'un à engueuler, mais personne ne l'avait remarquée. La bouche sèche, le front moite, elle s'éloigna, quitta cette rue où la vie et la mort, les oranges et le sang s'exhibaient dans un grouillement obscène.

Claire avait sur les lèvres un sale goût acide, celui de la peur, et dans le cœur le poids d'une injustice. Elle se sentait seule, elle avait froid. Il était encore trop tôt pour aller chez Judith, son amie peintre, où Claire avait accepté la veille d'aller passer la soirée.

Elle se souvenait de ce coup de téléphone comme d'une mauvaise farce.

C'était hier, et l'idée d'aller chez Judith après l'annonce de sa guérison lui avait plu, l'avait fait réfléchir à ce qu'elle avait dit une fois à Olga : ceux qui ont guéri du cancer devraient le dire et défiler de la République à la Bastille, pour témoigner, rassurer. Elle avait imaginé cette soirée où une Claire détendue, heureuse, aurait dit tranquillement : « J'ai eu un cancer... Je suis guérie... ».

Mais c'était hier... c'était avant... Faudrait-il donc — parce que la fatalité la condamnait à une mutilation dégradante — faudrait-il donc qu'elle ferme sa gueule ?...

Claire tremblait de rage et de fatigue. Elle poussa la porte d'un café, se dirigea d'un pas assuré vers le bar. L'ambiance était celle de tous les cafés à cette heure de la journée. Bruit, rires excités, fumée.

— Un whisky, dit Claire.

En attendant qu'on la serve, elle descendit aux toilettes, histoire de voir un peu la tête qu'elle avait. Odeur sûre d'urine et de désinfectant, cabine téléphonique lacérée de graffiti, Messieurs, Dames...

Dans le miroir, Claire reconnut son visage des jours de combat. Elle rinça son mouchoir, effaça sur ses joues les traces de rimmel, se passa la main dans les cheveux. « La toilette du condamné », se dit-elle... Elle remonta l'escalier gluant avec dignité et siffla son whisky en quelques gorgées.

— Un autre, s'il vous plaît...

Voix normale, comportement normal. Claire attendait son deuxième whisky en guettant l'effet du premier. Des mots dansaient dans sa tête : « Ils vont voir... S'ils croient que je vais me laisser faire... Ça ne va pas se passer comme ça... »

Elle jubilait. L'alcool avait réchauffé ses mains et ses rancœurs. Attentive à ce qui se passait autour d'elle, Claire dominait la salle d'un regard conquérant, celui des gens qui se croient maîtres à bord, alors qu'ils se débattent tout seuls, comme des chiens, aboyant pour rien, pour du beurre.

Elle sirota son deuxième whisky en guettant la pendule, dont la trotteuse la fit sourire : « Le robot trotte... Cours toujours... Ce soir, je n'ai plus rien à attendre... Rien de rien.. »

Dans son dos, un flipper cliquetait avec insistance. L'appareil était décoré de pin-up aux poitrines abondantes, dont les visages, les seins, les fesses, s'allumaient et s'éteignaient alternativement. Un jeune homme, jouant des hanches, manœuvrait avec précaution, poussant d'un côté ou de l'autre, hargneux, mâchouillant un chewing-gum rose dont il faisait péter les bulles.

Claire fit un signe au garçon :

— Un autre s'il vous plaît... double... Je peux téléphoner d'ici ?

On poussa l'appareil devant elle.

— Allô, Judith ? Tu m'entends ?... Moi, très mal... J'appelle d'un café, il y a un bruit d'enfer... J'arrive... Bon, d'accord, à tout de suite...

Elle avait presque fini son double whisky quand un petit gars s'approcha du flipper, discutant avec le copain au chewing-gum rose. Il parlait avec les mains, content, commentant avec détails les charmes et les avantages de sa dernière conquête. Claire prêtait l'oreille, amusée, quand une petite phrase jeta un gros pavé dans la mare :

— Et puis elle a une de ces paires de loches... tu verrais ça... C'est pas du toc...

Claire s'approcha d'eux, souriante :

— Et vous ?... J'espère que vous avez une belle paire de couilles...

Les jeunes gens se regardèrent, d'abord interloqués, puis furieux.

— De quoi je me mêle ?... On vous a rien demandé...

Le plus jeune haussa les épaules et lui tourna le dos. L'honneur était sauf... personne ne les avait entendus.

Claire paya, quitta le café.

L'air froid de la nuit décupla l'effet des whiskies. La rue où habitait Judith n'était pas loin, mais Claire semblait avoir perdu le sens de l'orientation. Elle ondulait d'un carrefour à l'autre, lisant le nom de rues inconnues, s'attardant à des détails, parlant seule, maugréant contre des pavés glissants. La chance voulut que le portail de l'immeuble de Judith se dressât devant elle, champ de bataille où elle entra en pays conquis.

Rez-de-chaussée. La porte était ouverte, d'où s'échappait une rumeur confuse de conversations. Claire se défit de son manteau et aborda l'arrière-garde des intimes, affalés sur un grand canapé noir, dans l'atelier. Sur une table basse, des verres pleins.

— Je peux ?...

Claire but une grande lampée, reposa le verre, sourire aux lèvres, mais personne ne fit de commentaires. Ces gens-là vivaient entre eux, ils n'en avaient rien à fiche de cette jeune femme hagarde qui était venue boire à leur râtelier.

Claire traversa le salon dans le même état d'esprit. Elle s'était tracé une ligne de conduite acrobatique, suicidaire.

Prête à crier — mais personne encore ne le savait — elle trimballait sous son bras une petite bombe dont elle cherchait le détonateur. S'approchant du buffet, elle se mêla à un groupe d'inconnus. Un type levait son verre :

— Ça fait dix jours aujourd'hui que j'ai arrêté de boire... Ça s'arrose, non ?...

Claire prit une coupe de champagne :

— Et comment, ça s'arrose... Moi aussi j'ai quelque chose à arroser...

Elle but la coupe, en avala une autre... La voix de Judith domina le tumulte : elle arrivait de la cuisine, un plateau dans les mains :

— Claire !...

— J'arrive, dit Claire...

Elle prit le plateau des mains de Judith, et le posa sur la table de la véranda. Saisissant une louche, Claire servit à la ronde la sangria. On se pressait autour d'elle.

— Judith est la reine de la sangria...

Elle s'entendait parler, parler faux, mais

personne n'avait l'air de le remarquer. Judith était repartie vers la cuisine. Quand tout le monde fut servi, Claire but d'un trait un autre verre :

— C'est bête... de s'être habituée à en voir deux...

Un homme se détourna, croyant avoir mal entendu :

— Pardon ?

Claire continuait, à voix haute cette fois :

— Tout est une question d'habitude, en fait... C'est vrai... Pourquoi pas trois ?...

— De quoi on parle ? Je ne vous suis pas...

Des gens la regardaient d'un air bête, et Claire s'énervait : ils étaient sourds, ou quoi ?...

— Pourtant c'est simple... On va m'en enlever un...

— Mais un quoi ?

Claire martela la table du poing :

— Mais un sein, bon Dieu... Un sein...

Judith, qui venait d'arriver avec une pile d'assiettes, s'étonnait :

— Qu'est-ce qui se passe ?

Claire la prit par le bras, tourna le dos à ces buses, essayant de s'expliquer, d'une voix de plus en plus perçante, exaspérée :

— Il se passe rien... J'étais en train de dire à ce monsieur qu'on allait m'enlever un sein... Mais il ne comprend rien... Rien... Il le fait exprès, cet imbécile ?...

— Mais qu'est-ce que tu racontes ?

Une rage folle monta au cerveau de Claire. Elle se mit à hurler, elle bégayait.

— Comment, qu'est-ce que je raconte ?... Je dis la vérité... Mais personne n'écoute... Les gens s'en foutent... J'ai un cancer... et les gens s'en foutent... J'ai un cancer... et on va m'enlever un sein... Voilà... C'est compris ?... Tout le monde a entendu ? C'est pas trop tôt...

Du fond de son désespoir, Claire interpréta mal le silence qui s'était fait brusquement autour d'elle et de Judith. Les visages figés, les mains devenues immobiles, les regards inquiets déclenchèrent une nouvelle vague d'agressivité.

— Vous en faites une tête, vous tous... Pourquoi ?

Personne ne bougeait. Tout ce que Claire avait accumulé d'angoisses et de honte refoulées, elle pouvait le jeter, le cracher. Ça faisait du bien, cette peur dont elle se défaisait, comme d'un fardeau.

— Alors ?... J'ai dit quelque chose qu'il ne fallait pas ?... C'est pas bien, d'avoir un cancer ?... Rassurez-vous, je ne suis pas contagieuse... seulement pourrie... C'est ça, j'ai un sein pourri... Vous voulez voir ? Profitez-en... Il n'y en a plus pour longtemps.

Elle tripotait les boutons de son chemisier.

— Dans huit jours... coupé... parti... à la poubelle... Merde, ces boutons... j'y arrive pas... Ça y est... Pas mal, hein ?... il était pas mal !... Eh bien, il est pourri, ce petit con... Dommage... Y avait plus moche...

Claire avait refermé son corsage. Judith, atterrée, comprenant que Claire avait bu, essayait de rompre l'horreur de ce silence. Ce fut Claire qui décida, avec un sourire ambigu, de détendre l'atmosphère. Elle tournait sur elle-même, regardant les uns et les autres dans les yeux, tranquillement, son sourire se transformant en un rire franc, rigolard et sournois :

— Je vous ai bien eus, hein ?... Je vous ai fait peur !...

Elle bafouillait, mais était-ce le rire, ou l'alcool ?

— C'était pas léger-léger, comme plaisanterie... Mais c'est la faute à la sangria... Elle est forte, Judith, pour la sangria...

Claire se tourna vers son amie.

— Allez, ma vieille Judith, ne t'en fais pas...

Judith la prit par le bras, l'entraîna dans le couloir, pendant que ses invités, un peu secoués, reprenaient leur conversation. Qui était-ce ? Boff... Un coup de trop...

Claire retrouva son manteau, qu'elle ferma avec soin. Elle était glacée, brisée et ne quittait pas Judith des yeux.

— Tu m'appelles un taxi ?

Le téléphone était dans l'entrée. Claire s'était adossée à la porte, tremblant de tous ses membres. Judith, l'oreille collée à l'écouteur, attendait, pendant que le disque usé d'une valse semblait ne jamais vouloir finir. Un déclic, une voix.

— Dans sept minutes, dit Judith, merci...

— Sept minutes, répéta Claire... C'est long, sept minutes...

Judith s'était levée, se trouvait maintenant en face d'elle. Claire s'accrocha à son regard. Comme elle était vivante, Judith, belle et chaleureuse...

— Judith... Je ne veux pas mourir...

— Alors... Tout à l'heure... c'était vrai ?...

Claire fit « oui » de la tête. Elle se calma peu à peu, guettant les bruits de la rue. Judith était grave, complice, silencieuse.

Quand le taxi s'arrêta, elles échangèrent toutes deux un sourire.

Rentrée chez elle, Claire arracha ses vêtements, comme on s'arrache une peau, une vieille peau dont on n'a plus que faire. Au-delà de cette mutilation, à cause d'elle, tout était remis en question. Whiskies, champagne et sangria lui brûlaient le sang, lui brouillaient la tête. Elle avait les yeux rouges et sa main gauche était enflée. Les rayons de la bombe au cobalt n'aiment pas l'alcool...

Errant d'une pièce à l'autre, s'appuyant aux meubles et aux murs, Claire s'efforçait de tuer en elle le souvenir de Simon.

Simon devant la cheminée, Simon dormant dans le travers du lit, les mains de Simon, l'amour de Simon.

Il ne fallait oublier aucun détail, il fallait faire l'addition rigoureuse de tous leurs souvenirs, en faire une petite boulette et la jeter. Chacun des gestes, chacun des regards dont Claire se souvenait, il fallait les arracher de sa mémoire et les jeter, les gommer, les anéantir. Travail de fourmi, de mante religieuse, d'avorteuse.

Quand elle eut terminé ce grand ménage, quand elle eut jeté l'interrupteur par la fenêtre et la cassette des faucons bleus de Derraka dans le vide-ordures, Claire était épuisée de fatigue et de chagrin.

Elle fit couler un bain, s'enfonça dans l'eau, resta immobile un instant, laissant flotter ses mains... Elle s'enfonça encore davantage... Les épaules, le cou, puis la tête... « Je m'en fous, de la vie, si je ne suis plus une femme... Je m'en fous... » Elle commençait à suffoquer quand un grand élan instinctif la fit se redresser. Elle toussa, secoua ses cheveux mouillés, reprit son souffle et se mit à pleurer. Comme la vie s'accroche aux muscles, à la peau... Comme il est difficile de mourir, même si le cœur désespère. Claire pleurait sur sa vie gâchée, sur son amour pour Simon et sur ce qu'elle croyait être de la lâcheté.

L'eau du bain avait refroidi, Claire frissonna. S'enveloppant dans un peignoir, elle se jeta sur son lit et s'endormit. Le téléphone sonna longtemps, puis s'arrêta.

La sonnerie de la porte d'entrée la réveilla. Elle se leva, passa une main dans ses cheveux, pendant que chaque détail de la journée d'hier lui revenait en mémoire. Elle revoyait les seins accrochés au plafond de la boucherie, revivait en quelques secondes la scène pénible chez Judith, entendant chacune de ses paroles : « Dans huit jours... coupé... parti... à la poubelle... » La sonnerie insistait. Claire alla ouvrir. C'était Simon.

Il la prit dans ses bras, la serra contre lui, la souleva de terre, murmurant à son oreille ces mots sans suite, balbutiés, éblouis, qui sont les plus beaux mots d'amour :

— C'est toi... Claire... Bonjour, Claire... C'est toi... c'est toi... toi...

Mais Claire était glacée. Elle avait renoncé au bonheur, et la voix de Simon n'éveillait en elle aucun écho. Ses mains sur son visage la gênaient comme une indiscrétion.

— Laisse-moi te regarder.

Elle se détourna, imita un sourire faussement désinvolte.

— Pas trop... J'ai une sale tête... Je me suis couchée tard...

— Tous les soirs ?

Cette naïveté involontaire déclencha le rire de Claire.

— Je suis si moche que ça ?... Oui... tous les soirs... Une vie de patachon...

Whisky, sangria... S'il savait... Et comme il était facile de mentir... Simon fouillait maintenant dans sa poche, tenait quelque chose dans son dos, avec un air mystérieux.

— Ferme les yeux... Ne triche pas.

Claire obéit.

— Maintenant, regarde.

Et Claire regarda. Simon avait glissé à son bras un bracelet merveilleux, large et plat, travaillé de filigranes, serti de jade et de corail. Claire regardait le bracelet, mais le jeu qu'elle devait jouer mettait une barrière infranchissable entre elle et Simon. La présence de Simon semblait irréelle, et c'est à peine si elle vit le bracelet. Il fallait rejeter Simon, rien de ce qui venait de lui n'existait plus. Il faudrait, tout à l'heure, prononcer des mots de rupture, des mots de mort, mais le moment n'était pas encore venu, et Claire souriait.

— Qu'il est beau...

Elle se détourna, entraîna Simon vers la cuisine.

— Tu veux du café ?

Prendre la cafetière, y mettre de l'eau, puis du café, visser, allumer le gaz, poser la cafetière, sortir les tasses, le sucre, les petites cuillères...

Simon observait Claire, sa silhouette fine allant du placard à la cuisinière, ses mains, son air appliqué, la ligne de ses cuisses sous le peignoir. Il vint vers elle, la prit dans ses bras.

— J'ai tellement attendu ce moment...

Claire se dégagea avec un sourire de coquetterie dont elle eut honte. Son visage prit tout à coup une expression dure et hostile, dont Simon n'osait encore comprendre le sens.

— Assieds-toi, dit Claire.

Même sa voix avait changé, que Simon ne reconnaissait plus.

— Mais qu'est-ce qu'il y a ?... Qu'est-ce que tu as ?

Claire balaya de la main des miettes imaginaires et s'assit en face de Simon.

— Il faut que je te parle...

La banalité de ce qu'elle allait dire lui restait en travers de la gorge, mais maintenant qu'elle avait pris la décision de rompre définitivement, tous les moyens lui étaient bons.

— Tu sais... J'ai beaucoup réfléchi... toi et moi... ce n'est pas possible...

Il y eut un long silence, pendant lequel Claire n'osait pas lever les yeux, pendant lequel Simon, abasourdi, cherchait le sens des mots qu'il venait d'entendre.

— Qu'est-ce que tu racontes ?

La sincérité de cette voix qu'elle aimait, et où commençaient à poindre le désarroi et l'inquiétude alla droit au cœur de Claire, mais elle se raidit, affermit encore sa voix et son regard.

— C'est mieux de se quitter... c'est mieux pour nous deux... On a des vies trop différentes.

— Tu pars à l'étranger de temps en temps... moi aussi... je ne vois pas le problème...

Il plaidait sa cause... il ne comprenait rien, mais comment aurait-il pu comprendre ? Il ne savait pas que Claire lui avait menti, il ne connaissait pas l'histoire triste de la bombe au cobalt, ni l'horreur de ce qui l'attendait.

— Ça veut dire quoi, tout ça ?

C'était le moment d'en finir. Claire, tout doucement, avait retiré le bracelet, l'avait posé sur la table. Elle souriait.

— Ça veut dire que c'était très bien de t'avoir rencontré... très agréable...

— Agréable !...

La voix de Simon s'était faite hostile. Claire eut honte de la vulgarité de cet argument.

— Ce n'est pas ce que je veux dire... Mais je ne veux pas d'une liaison... Je ne veux pas vivre avec quelqu'un. Je ne suis plus faite pour ça...

Elle avait débité tout son discours d'un ton mesuré, irrévocable. Doucement, Simon s'était levé, marchait dans la cuisine.

— Mais c'est complètement dingue ce que tu me racontes... Tu me dis ça...

Il se retourna vers Claire.

— Tu m'as laissé gamberger pendant deux mois...

Claire évitait son regard.

— Je pensais que ça se terminerait comme ça... tout seul...

Elle se leva.

— Le café...

La colère de Simon éclata brusquement.

— Je m'en fous de ton café...

Il marchait vers elle...

— Pourquoi tu ne m'as rien dit avant mon départ ? Qu'est-ce qui s'est passé ? Tu as rencontré quelqu'un ?

Claire ne répondit rien. La colère de Simon la soulageait, puisque maintenant ils n'avaient plus à se dire que des vacheries, comme tout le monde. Ce silence exaspéra Simon. Il la prit par le bras, la secoua :

— Mais réponds, bon Dieu... réponds...

Claire desserra son étreinte.

— Ne crie pas comme ça... Et puis... tu me fais mal...

Elle s'adossa au mur.

— Il ne s'est rien passé, et... et c'est tout...

Elle le regardait maintenant avec fermeté. La colère de Simon était tombée.

— C'est tout ?

Ce ton sarcastique lui fit moins mal que le désarroi de tout à l'heure. Le rideau allait tomber.

— C'est fini, Simon, c'est cassé... Tu as compris ?

Il la regardait, les mains dans le dos, avec une sorte d'ironie méchante qu'elle ne connaissait pas.

— Non... J'ai pas compris...

Il s'éloigna vers la porte, se retourna.

— Rien...

Claire prit le bracelet sur la table et le tendit à Simon...

— Tiens...

— Tu peux le garder, tu sais...

Elle fit « non » de la tête et Simon le fourra dans sa poche.

Quand il ouvrit la porte, Claire sentit son

courage l'abandonner. Il fallait qu'il parte tout de suite, maintenant.

— C'était bien, Dubrovnik ? Les remparts... tout ça...

Il fallait encore mentir, une dernière fois.

— Oui... Très bien...

— Ecoute, Claire...

C'était de nouveau son regard tendre et la voix de son cœur, la voix des jours heureux.

Claire en cet instant sentit monter en elle l'envie déchirante de prononcer le nom de Simon, de le crier, comme on crie au secours, mais elle choisit de fermer brutalement la porte.

Quelques secondes plus tard, Claire entendit les pas de Simon dans l'escalier, puis le bruit du portail. Elle retourna dans sa chambre et se recoucha comme on se jette à l'eau. Elle pleura longuement, murmurant pour elle seule, pour se bercer, se consoler : « Merde... merde... merde... merde... »

Quand elle sortit de son chagrin, Claire recommença les gestes bêtes et précis qui l'avaient si souvent sauvée du désespoir ; elle décrocha l'aspirateur, sortit des chiffons et entreprit le nettoyage des grands jours. Essuyant avec soin la bibliothèque, elle retrouva les livres sur le cancer. Le nom d'un des auteurs lui tinta aux oreilles, celui d'un grand professeur dont elle avait entendu une interview la semaine précédente à la radio. Le besoin d'aller quêter un peu d'espoir la prit soudain et Claire s'installa à côté du téléphone. L'annuaire téléphonique, l'éditeur, où évidemment on ne donnait pas les adresses personnelles, mais où l'on consentit à lui signaler l'hôpital où il exerçait. De nouveau l'annuaire, l'hôpital, où on lui passa divers services. Au bout d'une heure d'efforts, Claire avait obtenu un rendez-vous pour la semaine suivante. Une porte entrouverte au bout du tunnel, un fil de lumière.

En attendant, il fallait travailler. Claire avait accepté de suivre pendant huit jours les travaux du Comité pour la restitution des biens culturels. A l'Unesco et en équipe avec Olga. La première conférence avait lieu le lendemain.

Claire arriva en retard, et Olga était déjà dans la cabine, écouteurs aux oreilles, traduisant l'intervention du délégué égyptien. Elle fit à Claire un clin d'œil affectueux.

« Notre jeunesse égyptienne est privée des témoignages importants de son passé... Néfertiti est à Berlin... Les traces de notre histoire sont disséminées ici et là... Les pays africains ont subi les mêmes dommages... »

L'intervention de l'Egyptien dura encore quelques minutes, puis le président passa la parole à un délégué du Sénégal. Olga ôta son casque :

— Tu as vu le médecin ? Tu as les résultats ? Qu'est-ce qu'on t'a dit ?

Claire pensa que ce n'était pas le moment d'annoncer à son amie le verdict du spécialiste. Plus tard...

— Simon est revenu...

— Alors ?

Comme le ton d'Olga était joyeux ! Mais Claire haussait les épaules.

— Alors rien... C'est fini... Je crois que c'est mieux comme ça...

Olga fronçait les sourcils.

— Mais c'est un salaud !

— Mais non... il ne sait rien... je ne lui ai rien dit...

— Mais pourquoi ? je ne comprends pas...

— Tout à l'heure, murmura Claire.

Le président s'était levé, annonçant l'intervention du délégué du Liberia, pays anglophone.

— Je prends, dit Claire, qui brancha son micro.

Au délégué du Liberia succéda celui du Nigeria, puis de la Sierra Leone. Traduisant à tour de rôle, les deux amies ne purent échanger une parole. Quand le président annonça la fin de la séance, Olga pressait Claire de questions inquiètes :

— Alors... dis-moi, bon sang... Qu'est-ce qu'on t'a dit ?

— Attends qu'on soit dehors...

Olga pressa le pas, regardant Claire avec angoisse, n'osant pas rompre son silence. Elles traversèrent l'avenue, et entrèrent dans le café des amicales tasses de thé, qu'elles appelaient le « bistrot des confidences ».

Quand le sucre fut dans les tasses et le nuage de lait, Claire sourit à Olga.

— C'est foutu... Les rayons n'ont pas suffi... On doit m'enlever un sein...

Bouleversée, Olga pensa avoir mal compris.

— Qu'est-ce que tu dis ?

Claire dut répéter, d'une voix calme, mais elle continuait à sourire doucement.

— On doit m'enlever un sein.

Les yeux d'Olga s'emplirent de larmes. Elle sanglotait discrètement. Claire lui tendit un mouchoir et attendit qu'elle se calme un peu. Puis elle lui caressa la main.

— Ne pleure pas, ma grande.

Mais déjà Olga se révoltait.

— Claire... ce n'est pas possible... Il n'y a rien d'autre à faire ? Tu es sûre ?

Claire secoua négativement la tête.

— Il faut que tu voies un autre médecin... Je ne sais pas, moi... Il faut tout essayer...

— Je dois en voir un autre... jeudi prochain... Un grand professeur.

Cette idée calma Olga.

— Dans huit jours ?... Bon... Mais Simon ? Pourquoi tu ne lui as rien dit ? C'est un type bien...

L'image du bel ange florentin s'imposa à Claire et cette idée tenace du bouquet fané, du fruit gâté.

— Je sais... Justement... Je ne veux pas l'entraîner dans cette vacherie... On ne sait pas jusqu'où ça peut aller... C'était une belle histoire... je ne veux pas la gâcher. Tu imagines un peu à quoi je vais ressembler... après... Joli cadeau...

Olga restait silencieuse.

— Tu ne trouves pas que j'ai raison ?

— Je ne sais pas... Il t'aime peut-être pour autre chose que pour tes seins ?

Ça aussi, Claire y avait songé, mais toujours pour en sourire, comme d'une niaiserie. Elle haussa les épaules.

Olga n'osait pas dire à Claire tout ce qu'elle pensait. Qu'elle ait refusé de dire la vérité à Simon, elle pouvait le comprendre. Olga, s'imaginant dans la même situation, ressentit aussitôt ce même sentiment de honte qui animait sans doute son amie. Mais au-delà de Simon, c'était tout l'avenir de Claire qui était en jeu. Son avenir de femme. Simon était le seul homme à qui Claire aurait pu, aurait dû, dire la vérité. Mais les autres ? Est-ce à dire que jamais plus, dans les années à venir, Claire n'accepterait un amour, ou simplement un hommage ? N'y aurait-il plus jamais, pour la si jolie Claire, de sieste américaine ? Cet abandon joyeux ou tendre, librement consenti, dont les deux amies parlaient quelquefois, comme d'une chose naturelle, indispensable à leur équilibre.

— A quoi penses-tu ? dit Claire.

Olga sursauta.

— A rien... Si... A ce professeur que tu dois voir... Il faut encore espérer.

Oui, c'était vrai. Claire aussi espérait encore. Pour Simon. Simon dont elle avait perçu le chagrin sincère et dont elle ne parvenait pas à chasser le souvenir. Ses pas dans l'escalier, le portail qui se fermait n'avaient rien effacé de leurs moments de bonheur partagé. Où était-il ? Essayait-il d'oublier ? Sans doute, puisqu'elle lui avait infligé la pire des blessures : l'humiliation.

Oui, Simon était humilié. Quand il avait quitté Claire, il avait marché longtemps dans les rues, répétant sans cesse cette phrase : « C'était très agréable... » Une phrase acérée, impardonnable, dont l'apparence anodine l'avait touché au point le plus sensible. Simon n'avait rien d'un rouleur de mécaniques, mais il était humilié parce qu'il aimait Claire. Pas facile de se dire : « Au fond, c'était une garce... » Ça ne marchait pas... « Une de perdue, dix de retrouvées... » Ça ne marchait pas non plus... Rien ne marchait, de ce que se disent les hommes quand une femme les a laissés tomber... Les litanies rassurantes que se récitent les coqs de village restaient sans effet. Simon était désemparé et ressentait pour la première fois depuis des années un insupportable sentiment de solitude. C'est tout naturellement qu'il alla voir son vieil ami Jean Lafaye, le témoin de ses chagrins d'enfant, de ses espoirs d'adolescent, de ses succès.

Jean l'accueillit à bras ouverts, et exigea, comme chaque fois, un compte rendu détaillé de sa mission, de ses projets.

Simon parla longtemps, mais Jean ne l'écoutait pas tout à fait. Simon savait qu'il avait été malade, autrefois. Un cancer de l'estomac. Opéré à temps, soigné, Jean avait guéri. Quand il eut terminé le récit de son voyage, il posa la question habituelle. Une question que l'on pose à tout le monde sans en peser le sens, mais qui, entre eux, était lourde de signification.

— Et toi, tu vas bien ?

Il faisait beau, ils se promenaient tous deux dans le jardin tranquille. Comme la maladie semblait loin... Jean hésita à rompre cette paix, mais de toute façon Simon saurait un jour ou l'autre et lui en voudrait de n'avoir rien dit :

— Eh bien non, je ne vais pas très bien...

Simon s'arrêta, alerté — Jean expliquait.

— Je croyais en avoir fini.. je n'y pensais plus... Tu le sais... tous les ans, avant mon contrôle, j'étais juste un peu inquiet et puis j'oubliais... Mais cette fois... Enfin voilà... J'ai dû recommencer un traitement.

— Quelle vacherie... Et comment te sens-tu ?

Comme les mots étaient légers, exprimant cependant en transparence cette chose innommable qu'est la mort. Jean sourit. Pour rassurer, par décence, par amitié.

— Oh... ça fatigue, ces rayons... Mais il faut se battre, n'est-ce pas ?

Simon posa la main sur son épaule.

— Allez... Tu t'en es déjà sorti une fois...

— Je sais... je sais... Mais en attendant,

je ne fais plus rien... Je vais à l'hôpital... je reviens... Tu vois, j'ai même laissé tomber le jardin... Il est un peu en désordre... Ça pousse comme ça peut...

Ils reprirent leur marche, frôlant au passage les herbes folles, leurs pas faisant crisser le gravier, tous deux attentifs à ce qui venait d'être dit. Il n'y avait rien à ajouter, mais déjà Jean avait une autre idée en tête. Simon s'était approché du poirier en fleur. Il revit la main de Claire effleurant les branches noires. Qu'avait-elle dit ?

Oui, qu'avait-elle dit ? Jean au même instant se posait la même question. Quelque chose sur les branches mortes de l'hiver...

— En tout cas, notre poirier, il se débrouille pas mal, dit Simon.

— Oui, il est beau...

L'arbre bourdonnait d'abeilles. Jean mesura le son de sa voix pour poser la question qui lui brûlait les lèvres depuis l'arrivée de son ami.

— Dis-moi, Simon, cette jeune femme avec qui tu es venu avant ton départ ?... Tu la vois toujours ?...

Simon se raidit imperceptiblement.

— Non... Elle est très occupée... Elle voyage beaucoup, mais on n'est plus dans le même train...

Il avait repris sa désinvolture habituelle.

— Tu sais, cette fille... c'était une histoire comme ça...

Jean réfléchissait. Simon savait-il qu'elle

était malade ? Et maintenant qu'ils ne se voyaient plus, cela avait-il encore de l'importance ? Jean ne se crut pas permis de trahir un secret.

— C'est dommage, dit-il... Claire, n'est-ce pas ? Claire...

Mais Simon l'entraînait vers la maison. Jean cueillit quelques brins de menthe fraîche, pour préparer le thé.

La semaine qui s'écoulait semblait devoir durer toujours... Claire vivait cahin-caha, incapable de fixer son attention sur les êtres, sur les objets. A l'Unesco, elle avait du mal à se concentrer sur ce que disaient ces gens. Restitution des biens culturels, expositions itinérantes, propositions, contre-propositions, les mots dansaient dans sa tête, et c'est Olga qui prenait le plus souvent le relais.

Claire avait rendez-vous chez ce professeur jeudi, et avait dû faire des démarches auprès du spécialiste de Curie afin qu'on lui communique son dossier. Mais plus ce jeudi approchait, plus elle se posait de questions. Ne savait-elle pas déjà la vérité ? Qu'attendait-elle de cet homme ? Il ne pouvait pas la guérir, les nouveaux examens avaient été formels. Quel espoir trouvait encore place dans sa vie foutue ? Oui, foutue ! Elle savait que si elle n'acceptait pas cette mutilation, c'était la mort. Qu'espérait-elle ?

Mais un murmure tenace lui faisait entrevoir une solution différente, elle ne savait quoi, mais s'y accrochait de toutes ses forces. Un miracle ? Oui, pourquoi pas, un miracle ! Elle se berçait quelques heures de cette illusion, pour retomber bientôt au fond de la peur. Peur de la vie, peur de la mort. Dans ces moments-là, ni Olga ni personne ne pouvait rien pour elle. Elle oscillait entre une attente hagarde du pire et une espèce d'agressivité. Les autres, les bien-portants, les optimistes, elle les surveillait du coin de l'œil observant leurs gestes de gens heureux, leurs sourires confiants et cette démarche propre à ceux qui sont bien dans leur peau : une démarche élastique, vive, à laquelle semblent participer tous les muscles, tout le dynamisme d'un corps équilibré et sain. Elle leur en voulait.

Un jour, ayant pris un taxi pour rentrer chez elle, Claire remarqua que le chauffeur, un jeune homme aux yeux rieurs, l'observait avec insistance dans le rétroviseur. Visiblement, elle lui plaisait. Irritée, Claire détourna la tête. « Qu'il se taise, au moins », se dit-elle... !

— Vous allez à votre travail ?

Pensez donc ! Allez faire taire ce genre de type !

— Non....

Claire s'étonna de lui avoir répondu, mais il avait une voix sympathique, ce vivant, et

Claire, malade de peur, était aussi malade de solitude.

— Vous êtes en balade, alors ?

— Oui, c'est ça, je me balade...

— Alors... on pourrait peut-être se balader ensemble ?

Bon... Ça suffisait comme ça. Claire se enfrogna.

— Je ne suis pas très gaie en ce moment...

— Faites-moi confiance... Je m'y connais, moi, pour amuser les femmes... Vous savez ce que je faisais avant d'être taxi ? J'étais dresseur de puces...

Quand ils veulent plaire, décidément, c'est n'importe quoi... Claire ne put s'empêcher de sourire.

— Vous voyez... Ça va déjà mieux... Allez... Je vous emmène casser une petite graine, tranquilles... Je connais un bistrot sympa... pas loin d'ici...

— J'ai un cancer...

Etait-ce bien elle qui avait prononcé cette phrase ? Pourquoi ? Pour faire pitié ? Pour faire peur ? Non... Pour ne plus être seule à savoir. Elle regretta cette faiblesse, mais c'était trop tard. Le garçon avait maintenant l'air gêné, incrédule, de quelqu'un qui a reçu un coup de poing dans la figure.

— D'accord... C'est moche...

Il ne dit plus rien, continuant cependant à la regarder furtivement dans le rétroviseur. Arrivée au terme de la course, Claire demanda combien elle lui devait. Elle paya, il la remercia d'un ton neutre, le ton de n'importe quel chauffeur de taxi qu'on paie. Ce chauffeur-là, c'était n'importe qui, c'était comme si elle ne lui avait rien dit... Elle avait prononcé une toute petite phrase et elle s'était trouvée rejetée tout à coup de l'autre côté du mur, du côté des morts, ceux à qui on ne parle plus.

Claire erra tout l'après-midi d'une pièce à l'autre. « Quand on est malade, on est toujours seul... » avait dit la dame au tricot. C'était vrai. Le seul mot de cancer l'avait rejetée hors du monde. Quelle injustice ! Claire se souvint de sa belle humeur, le jour où elle avait déjeuné avec Olga chez l'Italien de la rue des Canettes. Défiler de la République à la Bastille, en criant bien haut ce mot de cancer, en l'écrivant en rouge sur des banderoles ! Cette idée lui sembla dérisoire et absurde. Elle imagina les fenêtres qui se fermaient, les trottoirs vides et les milliers de cancéreux se retrouvant tout seuls sur la chaussée, entre eux, criant leur solitude vers les volets clos, tapant du poing sur les rideaux de fer des magasins.

Il est vrai que ce jour-là, elle voulait guérir, elle était sûre de guérir. Les héros du défilé auraient été, comme les anciens combattants du Chemin des Dames, mutilés et triomphants, rescapés de l'enfer. Pour avoir le droit de témoigner, il fallait survivre, il fallait guérir...

Le miroir de la salle de bains, au-dessus du lavabo, la reflétait jusqu'à la taille. Claire se mit torse nu. Son sein, rouge encore des rayons, semblait avoir été tout seul au soleil. Qu'importe... C'était vrai, qu'elle avait de jolis seins, qu'elle en était fière. Quand elle avait emménagé, elle avait choisi ce miroir rectangulaire exprès, et l'avait placé dans le sens de la hauteur.

Claire se rhabilla, alla chercher sa boîte à outils, dévissa le miroir et le replaça dans l'autre sens ; elle ne voyait plus que ses épaules...

Ce geste instinctif lui fit penser qu'au plus profond d'elle-même, elle avait choisi de vivre. Mais était-ce une victoire ? N'était-ce pas la peur de la mort qui était plus vive que l'horreur de la mutilation ? Le matin du jeudi, Claire, espérant encore elle ne savait quelle autre solution, quelle autre alternative, partit pour l'hôpital le cœur battant, prisonnière ligotée, condamnée, n'espérant plus qu'une grâce providentielle.

Pendant le long trajet, qu'elle fit en taxi — elle était épuisée d'angoisse — Claire refusa résolument de regarder autour d'elle. Plus d'affiches, plus de signes, plus de vivants, plus rien. Il fallait faire le vide, se concentrer sur cette infime possibilité d'un miracle, d'une erreur, d'un malentendu. Les idées les plus folles couraient dans sa tête en farandole... Les dernières radios avaient été confondues avec celles d'une autre malade, le spécialiste s'était trompé de dossier, ou encore le grand professeur allait l'accueillir avec un sourire triomphant et lui annoncer qu'une récente découverte dont il venait à peine d'avoir connaissance, allait lui permettre de guérir et d'éviter l'opération. Pourquoi pas ? Un jour, un savant trouverait le moyen de vaincre le cancer. Un jour, la nouvelle se répandrait, d'abord confidentielle, puis éclatante et il y aurait quelque part le premier malade, le premier de tous, à qui on dirait : « Vous ne craignez plus rien... on va vous faire une série d'intraveineuses, et dans huit jours, fini, terminé... »

C'était dans l'ordre des choses, c'était possible, c'était même certain... Alors pourquoi pas aujourd'hui ? Pourquoi pas elle ? En ce moment même, quelque part dans le monde, à Philadelphie ou à Montpellier, à Londres ou à Tokyo, un homme était peut-être en train de batailler avec une téléphoniste pour obtenir Paris, afin d'annoncer à son grand ami le professeur la magnifique découverte qu'il venait de faire. Le professeur prendrait un papier et un crayon et inscrirait, en quelques mots, la formule de la potion magique.

Claire en était arrivée là de son rôle quand Astérix lui fit un pied de nez ; elle ne put s'empêcher de sourire.

Dans ce nouvel hôpital, les choses se passaient de la même façon qu'à Curie : bureau d'accueil, où on vérifie qu'elle avait effectivement rendez-vous avec le professeur, couloirs, salle d'attente, où chacun avait aussi à la main un petit papier : le numéro d'appel.

Claire s'assit et examina les gens qui étaient autour d'elle. C'était drôle, il lui semblait les avoir déjà vus, ou peut-être était-ce leur expression, leur comportement, qui étaient les mêmes que ceux des gens qui attendaient dans le hall de l'hôpital Curie. Peut-être les malades du cancer se ressemblaient-ils tous ? Et de même que l'inspecteur Javert avait reconnu Jean Valjean à la façon dont il traînait la jambe — souvenir du boulet des forçats — de même un œil exercé, un médecin, par exemple, pouvait reconnaître à coup sûr les cancéreux à leur démarche, à leur présence même, qui sécrétait la peur et la mort.

Une femme très élégante, le visage tendu, faisait tourner nerveusement son alliance. Son regard croisa celui de Claire, se déroba, pour aller fixer dans le vide on ne savait quelle image obsédante.

De temps en temps, une infirmière ouvrait une porte, appelait un numéro.

Assis dans un fauteuil roulant, un jeune homme regardait Claire avidement. Quand elle s'en aperçut — sans doute la trouvait-il belle — il se redressa sur ses avant-bras, sans la quitter des yeux, un sourire désarmant éclairant son visage. Ce fut Claire, cette fois, qui détourna le regard.

Une femme d'une quarantaine d'années, plantureuse, vint s'asseoir à côté d'elle, ôta son manteau, découvrant un décolleté généreux. Un petit nœud de foulard rose était assorti à son chapeau et, à chacun de ses soupirs, son corsage se tendait un peu plus. L'amie qui l'accompagnait lui tapota gentiment la main et les deux femmes se mirent à parler à voix basse. Claire tendait l'oreille, mais elles murmuraient en confidence des choses inintelligibles. La dame au décolleté s'agita soudain sur sa chaise, sa voix se fit plus nette :

— Et les hommes, hein ?... Les hommes... Une femme qui n'a plus de seins !...

Le cœur de Claire se serra... Les hommes... Simon... Non, pas seulement Simon... Elle n'y avait pas encore pensé : c'en était fini, des hommes... Mais elle s'en foutait, des hommes, puisqu'elle avait perdu Simon...

L'infirmière ouvrit de nouveau la porte :

— Numéro douze.

Claire se leva et entra dans la cabine de déshabillage qu'on lui indiquait. Même petit banc, même miroir. Décidément, les choses aujourd'hui semblaient le double d'elles-mêmes, jumelles et complices.

Tout ce qu'elle avait espéré de cette consultation se pressait dans sa mémoire. Les erreurs, les malentendus, étaient encore possibles. Et les miracles, les vrais, qui naissent quelquefois, disent les légendes, des plus grandes espérances. Il fallait y croire et Claire y croyait de toutes ses forces.

Elle y croyait encore quand elle se trouva en face du professeur, un homme grand, barbu, au visage intelligent et bon. Une douceur, une luminosité émanaient de sa personne. Il l'ausculta délicatement, la regardant dans le fond des yeux et Claire se sentait étrangement tranquille. Oui, cet homme pouvait sans doute faire un miracle, mais ce n'était pas le genre de miracle auquel elle s'attendait.

Il la pria de se couvrir et de s'asseoir en face de lui. Il prit sur son bureau les clichés de ses radios. Oui, c'était bien son nom qui était inscrit sur l'enveloppe... Pas d'erreur possible... Etait-ce un espoir qui s'évanouissait ? Bizarrement, toutes les absurdités auxquelles Claire avait accroché son destin lui paraissaient non seulement stupides, mais sans intérêt, vidées de leur contenu hasardeux ou surnaturel. Cet homme avait sans doute le don de considérer les choses comme elles étaient, le don de vie, qui refuse les mirages et les faux semblants.

Il désigna du doigt une ombre sur la radio :

— Vous voyez, c'est là... ce petit nuage... qui a gagné du terrain... C'est dangereux... il faut tout enlever...

Il n'y avait donc rien à faire... Claire s'était, malgré ses contradictions, préparée à cet instant, mais le choc l'ébranla. Les nerfs tendus, le front bosselé de plis, elle s'efforçait de surnager. Le professeur vint à son secours.

— C'est très dur... je sais... c'est injuste...

Ces mots firent du bien à Claire. Que quelqu'un, enfin, lui parle d'injustice, que quelqu'un se mette de son côté, essaie de comprendre, l'aide à trancher un dilemme qui la harcelait depuis une semaine, lui rendit la force de combattre. Mais elle voulait mettre à plat toutes ses cartes, avancer toutes ses craintes, mettre à nu toutes ses angoisses, peser le pour et le contre en toute connaissance de cause, devant cet homme en qui elle avait confiance et qui tenait en ses mains la balance où se jouait son destin.

— Et si je n'accepte pas l'opération ?

Le professeur lui sembla hésiter avant de répondre, mais non, il n'hésitait pas, son regard était ferme. Les mots... il cherchait les mots justes, si fragiles, les mots que chacun comprend à sa manière, qui peuvent aider les uns, ou désespérer les autres. Il cherchait des mots faits pour Claire, comme s'il l'avait toujours connue.

— Votre vie vous appartient... Vous en faites ce que vous voulez... On peut préférer la mort... mais c'est un peu absurde...

Claire se redressa instinctivement, comme elle l'avait fait pour mettre sa tête hors de l'eau, l'autre soir, dans la baignoire. Déjà à cet instant elle avait choisi la vie, mais elle avait besoin qu'on lui rende justice, qu'on lui dise clairement que c'était juste, et bien, que la vie ait le dessus.

— Et avec l'opération... je suis sûre de m'en sortir ?

Le professeur répondit très vite, d'une voix nette.

— Vous mettez toutes les chances de votre côté... On guérit tout de même soixante-dix pour cent des cancers du sein...

Claire perçut une pointe de fierté dans cette affirmation, qui la toucha profondément. Cet homme n'était plus très jeune. Il avait travaillé des années, lutté des années contre le cancer, se spécialisant en particulier dans la lutte contre le cancer du sein. C'était grâce à ses travaux que des femmes, et de plus en plus, avaient guéri. Il avait choisi la vie pour elles, mais Claire se trouvait maintenant devant un miroir, le miroir en hauteur de sa salle de bains, là où tant de fois, pendant qu'elle se maquillait, pendant qu'elle se lavait les dents, elle avait regardé ses seins. Jamais plus elle ne pourrait poser sur eux son regard et son propre regard n'était-il pas aussi celui des autres ? Un vide, une cicatrice, la honte de son corps gonfla sa voix d'un sanglot de révolte.

— Mais comment est-ce qu'on peut vivre... après...

Le professeur se leva, alla se planter devant la fenêtre, observant un instant le paysage banal de toits en zinc et de cheminées. Quand il se retourna, il était plus grave.

— On vit... on aime... on est heureux et malheureux... comme tout le monde... avec un sein en moins...

Il vint vers Claire, s'assit près d'elle.

— Je voudrais tant vous convaincre... Vous n'existez que par vos seins ?

Claire les prit à deux mains, ses seins, et regarda cet homme avec un peu d'ironie.

— Non... mais ils font partie de moi...

Le professeur semblait réfléchir.

— Nous nous faisons souvent de drôles d'idées sur nous-mêmes... des fixations...

Il semblait parler pour lui, essayant de percer quelque mystère.

— Tout ça est très compliqué... L'image du sein... sa représentation... c'est très symbolique... Et puis... l'appréciation de la beauté, l'idée qu'on s'en fait... C'est tellement variable selon les peuples... les individus...

Claire sourit.

— Dans cinq minutes, vous allez me parler des amazones et des négresses à plateaux...

— Non... ce serait trop facile...

C'était vrai... Trop facile. Claire écoutait attentivement.

— J'aimerais vous persuader avec des arguments plus simples... Je crois qu'il faut d'abord s'accepter... Lutter pour s'accepter...

Tout un cinéma d'êtres disgracieux, boiteux, bossus, bancals, défila sous les yeux de Claire et le sourire de ce jeune homme, tout à l'heure, dans son fauteuil roulant... S'accepter... Le professeur poursuivait son raisonnement et les mots avaient maintenant perdu leur fragilité ; ils résonnaient dans son cœur, ce n'étaient plus des mots ordinaires, ils prenaient un poids, un sens particulier.

— Je sais... C'est difficile de s'accepter... C'est un combat... Mais il me semble que cette force-là est une source de vie, d'harmonie... C'est pour moi la forme la plus noble du courage... qui peut même devenir une séduction...

— Une séduction ?

Ce mot fouetta Claire au visage. Ce mot, elle l'avait pour toujours gommé de son vocabulaire, et voilà que maintenant on le lui rendait, non plus paré de plumes et de falbalas, mais riche de couleurs nouvelles, inconnues, vivantes. La silhouette d'une autre Claire s'imposa, épurée, sereine et le monde, à son image, retrouvait son équilibre.

Quand elle traversa la salle d'attente pour sortir, Claire embrassa du regard tous ces gens dont la présence l'avait tant rebutée. La dame au chapeau rose était entrée à son tour dans le bureau du professeur, et Claire croyait entendre sa voix : « Il faut s'accepter... »

Dehors, le ciel où couraient des nuages effilochés, les façades des maisons — recueillies côté ombre, joyeuses côté soleil — la rumeur sourde de la ville, un tintement de cloche, la réalité visible des choses lui redevenait perceptible, familière, presque amicale.

Elle marcha longtemps dans une large avenue, entra dans un jardin public, s'assit sur un banc, attentive au bruissement des bosquets, à l'agitation du petit peuple secret des oiseaux et des insectes. L'exacte organisation des feuilles d'un acacia lui parut rassurante, pauvre acacia des villes, torturé par la poussière, les gaz d'échappement des voitures. Une de ses branches était cassée. Elle pendait sur le côté, grise et morte, mais les bourgeons à peine éclatés brillaient d'un vert vif, là-haut, contre le bleu du ciel. Ce symbole un peu facile la fit sourire et elle songea que la veille encore, loin de sourire, elle y aurait reconnu un signe de mort et de déchéance.

S'accepter... Elle s'en sentait la force et regardait autour d'elle avec des yeux neufs. Un merle sautillait sur la pelouse. Le tronc des platanes était chamarré d'écailles jaunes et beiges. Dans ce jardin exigu, coincé entre l'asphalte et le béton, la nature gardait sa splendeur souveraine.

Des voix enfantines se rapprochaient. Riant, se bousculant, un groupe de petites filles passa devant Claire. Elles devaient avoir entre dix et treize ans et balançaient au bout du bras de lourds cartables. Peaux fraîches, cheveux brillants, où la coquetterie avait accroché des barrettes de couleur, puisque c'est la mode.

Claire se revit à cet âge, celui des nœuds de velours retenant les nattes serrées — des papillons, avait dit Simon. Elle se souvint d'un jour d'été, pendant les vacances, comparant ses seins naissants avec ceux de son amie Marie, la fille du docteur. Dans l'ombre du salon aux volets clos, elles avaient toutes deux retiré leur chemisette, admirant, touchant du doigt ces merveilles qu'elles appelaient des poitrines. Comme elles étaient fières de ces promesses de féminité, de séduction !

Les petites filles s'étaient éloignées. Claire se leva, laissant derrière elle la nostalgie de ce souvenir et le calme du jardin, vide à cette heure.

Féminité... Séduction... Elle se concentrait sur le sens profond de ces mots clés.

Comme les enfants à qui on a dit de ne pas toucher aux allumettes, elle imagina le tranchant du bistouri sur sa peau, histoire de voir... Provocation inutile : ayant accepté de vivre, et de vivre autrement, cette évocation resta sans écho. Une profonde impression de joie conquise l'envahit, elle pressa le pas pour rejoindre la station de métro la plus proche. Oui, elle allait prendre le métro, elle n'avait plus peur des vivants, ni des morts.

Comme elle le lui avait promis, Claire téléphona à Olga le résultat de sa rencontre avec le professeur. Olga pleura, puis s'étonna d'entendre son amie la rassurer d'une voix où perçait une réconfortante bonne humeur. Que lui avait-il dit exactement ? insistait Olga. « Des choses, répondit Claire... » Oui, elle lui expliquerait en détail. Oui, bien sûr, elle la tiendrait au courant.

Il fallait maintenant prévenir l'hôpital Curie et Claire décida d'y aller.

Elle ouvrit avec décision les portes de verre, et se rendit directement dans la salle d'attente du spécialiste qui l'avait soignée. Quand l'infirmière entra, appelant un numéro, Claire vint vers elle et lui dit quelques mots. L'infirmière sourit, lui dit d'attendre quelques instants, puis disparut.

Dix minutes plus tard, elle remit à Claire différentes feuilles où étaient consignés plusieurs rendez-vous. Examens pré-opératoires, radios et enfin la date de l'opération : dans quatre jours... Tiens... se dit Claire, il n'y avait donc pas de temps à perdre...

Et l'Unesco ? Il était trop tard pour s'y rendre, elle irait voir John le lendemain matin.

Quand elle entra dans son bureau, ce fut d'un pas net, avec l'intention de lui rabattre son caquet, à cet imbécile. Claire n'avait pas oublié sa réflexion : « A cinquante-neuf ans... les seins... » Elle s'assit en face de lui.

— John, je suis désolée, mais je ne peux pas terminer la série de conférences du Comité... vous voyez... la restitution des biens culturels...

Comme elle s'y attendait, John se prit la tête à deux mains, comme quelqu'un à qui on va arracher le cœur :

— Oh non, ma petite Claire... ne me dites pas une chose pareille... Vous me mettez dans une situation impossible...

Il se levait, se tournait vers ses petits cartons, les prenant à témoin :

— Vous voyez mon planning ?... C'est une folie de comités, de conférences... séminaires... symposiums... Non... non... j'ai besoin de vous...

On aurait dit un chef d'état-major élaborant un plan de bataille et auquel il manque des troupes. Claire ne disait rien. John se retourna brusquement :

— Qu'est-ce qu'il y a ? Vous n'êtes pas malade, au moins ?...

— Vous vous souvenez de ma tante, quand je n'ai pas pu aller à Dubrovnik ?

Il s'était rassis, clignait des yeux d'un air entendu :

— Tout à fait... tout à fait... un cancer quelque part ?...

Décidément, ce type était d'une sottise insupportable. Claire commençait à s'énerver.

— Pas quelque part... Un cancer du sein.

— C'est ça, reprit John, conciliant. Un cancer du sein... Alors, ce sein... qu'est-ce qui lui arrive encore ?

Un goujat...

— La tante, c'est moi...

John n'écoutait pas la moitié de ce qu'on lui disait. Il n'avait même pas l'air surpris, seulement ahuri.

— La tante, c'est vous... comme c'est curieux... je ne comprends rien à ce que vous dites...

Cette fois, Claire se leva, exaspérée.

— John, j'ai un cancer du sein... On m'opère mercredi. C'est clair ? A bientôt...

John se leva, ayant retrouvé la raideur déférente du parfait gentleman. Il avait enfin compris.

— *I am sorry*... désolé... Mon petit...

Mais Claire était déjà sortie.

Depuis que Claire l'avait laissé tomber, Simon ne savait plus où mettre les pieds. Il avait beaucoup de travail — comptes rendus de sa mission, classement des échantillons qu'il avait rapportés, premiers examens —, mais il lui devenait insupportable de se retrouver seul chez lui. Les jours fériés son laboratoire était fermé et déjà le dimanche précédent, à peine levé, il était allé traîner aux Puces, avait revu Jean Lafaye, et avalé trois films dans l'après-midi.

Autre déception, sa fille était en Suisse, où elle passait un concours. Odette lui avait annoncé la nouvelle au téléphone d'une voix claironnante, sachant qu'il serait déçu : « Une garce, avait-il pensé... toutes des garces... »

Ce nouveau dimanche à affronter lui semblait insurmontable, quand il retrouva sur la cheminée un carton du musée de la Marine, annonçant la mise en place d'une nouvelle maquette de bateau, une caraque portugaise du XVIe siècle : « Va pour la caraque... »

Le musée de la Marine était pour Simon plein de magie. Ayant beaucoup navigué, il aimait la mer et cultivait depuis longtemps des envies de voilier. Chaque fois qu'il avait eu dans sa vie une femme pendant plus de six mois, le même rêve s'était imposé : partir tous les deux, le tour de Corse, les îles grecques, et plus loin, vers le Pacifique. Mais Odette avait peur de l'eau, et Claire... Il s'étonna de constater qu'il n'avait pas eu le temps d'en parler à Claire... Ça avait duré combien de temps, Claire ? Même pas deux mois... Il était tout surpris, presque incrédule, mais s'efforça de chasser ce mirage, ce visage.

Dans les immenses salles du musée, ses pas résonnaient, solitaires, et la beauté de la lumière, l'élégance des caravelles, des brigantines, des corvettes, l'enchantaient. Et la caraque... Superbe, avec ses quatre mâts effilés, ses voiles gonflés, sa dunette aux fines sculptures.

— Simon !...

C'était Gérard, un copain architecte qu'il n'avait pas vu depuis longtemps. Il était accompagné de son fils, un petit garçon de six à sept ans, qui gambadait dans tous les sens.

— Ça fait plaisir de te voir... Tu étais parti ?

— Oui... j'étais en mission...

— Je te présente Christophe... viens ici... C'est Simon.

Christophe s'en fichait, des grandes personnes. Il lisait les inscriptions, admirait, s'enthousiasmait.

— Le *Royal-Louis*... Cent vingt-quatre canons...

— Et toi ? C'est bien une fille, que tu as ?

— Oui, Sandrine.

Ils marchaient en silence. Simon pensa douloureusement aux prochains dimanches...

— Tu restes à Paris, ces jours-ci ? On pourrait se voir ?

— Bien sûr... Cet hiver, j'ai dû aller à Dubrovnik... mais maintenant, je ne bouge plus...

Simon, sur le moment, préféra ne rien dire. Pour ne pas avoir l'air... Christophe criait.

— Les pirates, ils ont un drapeau avec une tête de mort...

— Pas si fort, on n'est pas sourds, disait

Gérard. Simon prit une voix tout à fait ordinaire.

— Tu étais à Dubrovnik ?

— Oui... Pourquoi ?... Tu connais ?...

— Non...

Quelle réponse idiote... Tant pis... Il fallait qu'il sache...

— C'était pour l'Unesco ?

— Oui... l'évolution de l'infrastructure des ports de commerce depuis le XIIIe siècle...

— Je connais l'interprète qui vous accompagnait. C'est une amie à moi...

— Ah oui ?... Olga... Très sympa, cette fille...

Simon était brusquement alerté.

— Olga ? Non... ce n'est pas elle...

— Nous, c'était Olga... Il n'y avait qu'elle, d'ailleurs...

Et par-dessus le marché, elle m'a menti, pensait Simon, que cette révélation humiliait encore davantage.

— Papa, on va manger une glace ?...

— Oui, on y va...

Gérard riait, regardant son ami.

— Ça fait partie du programme.. Tu viens avec nous ?

Simon n'avait pas le courage de rester seul.

— D'accord...

Il mangea la glace, puis accepta d'aller déjeuner chez Gérard : « Puisque tu n'as rien de mieux à faire... » Triste formule... triste Simon. La femme de Gérard était jolie et sympathique. Cet aperçu d'une vie de famille harmonieuse lui fit sentir cruellement ses échecs successifs. Il avait la poisse, ou quoi ?

Le lendemain, à son laboratoire, il voyait tout de travers et la moindre contrariété le rendait enragé. La poisse ? Quelle poisse ? Il l'aimait, cette Claire... Il était prêt à tout lui donner, renoncer à ses missions, changer de métier... Mais voilà... Elle s'en foutait... Elle avait dû rencontrer un type... Les bonnes femmes, c'est comme ça... Ça roucoule dans vos bras, ça vous regarde à vous fendre le cœur, ça laisse couler de belles larmes le soir de votre départ et puis crac... Dès que vous avez le dos tourné, elles rencontrent Dieu sait qui, et adieu Berthe !...

Le lendemain, ce fut pire. Plus il évoquait de souvenirs, plus il s'en voulait de penser à elle.

Mais tout de même, une femme lui était fidèle.

En effet, Sandrine était rentrée le matin même, et avait aussitôt téléphoné à son père.

— Tu n'y coupes pas... Tu m'invites à déjeuner... Chez toi... pas au resto...

Simon accepta, à condition qu'elle se contente de manger un « pique-nique ».

— Vers une heure... Je t'embrasse, gros comme une maison...

La voix affectueuse de Sandrine redoubla

l'envie qu'il avait de donner une leçon à Claire. Maintenant qu'il savait la comédie qu'elle lui avait jouée, il fallait qu'il aille le lui dire en face... pour l'honneur... et pour en finir...

Claire se réveilla ce matin-là étrangement calme, et pleine d'une sereine détermination. Depuis qu'elle avait accepté cette opération au plus profond d'elle-même, chacun de ses gestes, chacune de ses pensées se tournaient instinctivement vers une vie nouvelle, une vie construite de ses propres mains, une vie qu'elle s'offrait, en quelque sorte, puisque c'était à elle, et à elle seule désormais, qu'elle devait de vivre. Ce sentiment d'être maîtresse de son destin avait quelque chose d'exaltant, donnait aux objets familiers, au paysage banal de sa rue, un relief inconnu, un charme particulier, comme si tout ce qui l'entourait vibrait avec elle d'une vie secrète.

Seul le souvenir de Simon pouvait la faire basculer dans l'incertitude et l'angoisse. Chaque fois qu'elle pensait à lui, le regret s'insinuait dans son cœur, en même temps que ce sentiment dégradant de honte, la honte de son corps, qu'elle pouvait accepter, dominer pour elle seule, mais qu'il lui semblait impossible d'effacer sous le regard de Simon.

Il fallait donc rejeter définitivement

Simon hors de cette vie nouvelle et Claire, attentive au moindre glissement de son imagination, tenait bon.

On devait l'opérer le lendemain et c'était le jour même qu'Olga venait la chercher afin de l'accompagner à l'hôpital, où Claire devait se trouver vers quatre heures de l'après-midi.

Elle mit de l'ordre sur la table, encore encombrée de dictionnaires et de papiers, dégivra le réfrigérateur, et écrivit à ses parents.

Pas question de les affoler : on lui enlevait un petit kyste de rien du tout, on ne verrait même pas la cicatrice, le chirurgien était l'un des meilleurs de Paris, je vous embrasse affectueusement tous deux...

Et Claire commença à faire sa valise. Savon, eau de toilette, deux chemises de nuit faciles à enfiler, une robe de chambre, des pantoufles, et *La Traversée du pont des Arts*. « On dirait que je pars en week-end... », songeait-elle. Le téléphone sonna, c'était Olga. Oui, elle allait bien... Inquiète ?... non, pas trop...

— J'emporte ton Claude Roy... J'aurai enfin le temps de le lire...

Trois coups à la porte.

— ... Olga... attends une seconde... on frappe...

Claire déposa le téléphone sur le lit et alla ouvrir.

C'était Simon, l'air sombre.

— J'ai essayé de t'appeler... C'était tout le temps occupé...

Mensonge... pensa Claire, mais tous deux, l'un en face de l'autre, étaient à cet instant séparés par un mur de malentendus.

Simon aperçut la valise de Claire, posée sur le coffre de l'entrée.

— Tu pars ?... ou tu reviens...

— Je pars...

Cette morsure au cœur de Simon... La jalousie imbécile.

— Pour longtemps ?

— Non... Une huitaine de jours...

— Comme d'habitude... à Dubrovnik...

Cette fois, c'est Claire qui avait menti. Elle retourna vers sa chambre, où Simon la suivit, et reprit le téléphone.

— Bon... Tu passes vers trois heures et demie ?.... D'accord, je t'attends...

Elle raccrocha et tourna la tête vers un Simon bras croisés, un geste qu'elle ne lui connaissait pas, un Simon au regard dur, moins difficile à affronter que le Simon des heures tendres.

— Tu t'es bien foutue de moi...

Claire se leva calmement.

— Ecoute-moi, Simon... Je ne me suis jamais foutue de toi... Bon !... C'est vrai, je n'étais pas à Dubrovnik... Et alors ?... J'ai eu un contretemps, c'est tout...

— Quelle tête il a, ton contretemps...

— Simon !

Claire était presque soulagée : cette dernière rencontre était grotesque, ils récitaient tous deux le dialogue usé des vieilles comédies de boulevard, et l'amour perdait la face. C'était mieux comme ça... Mais Simon insistait :

— Je t'ai posé une question...

— Ecoute, Simon... je ne te dois rien, tu ne me dois rien, et je n'ai pas de comptes à te rendre. Maintenant, tu me laisses... Il faut que je m'habille...

Etait-ce la même, cette Claire sûre d'elle, cette Claire fébrile, pressée de le voir partir, pressée sans doute de retrouver l'autre...

— Oh, excuse-moi... Ne perds pas une seconde...

Il se dirigea vers la porte d'entrée, mais la vue de la valise ouverte, des chemises de nuit soigneusement pliées le mit hors de lui ; d'un geste rageur il balaya le tout, envoyant valdinguer la putain de valise et les putains de chemises de nuit. Putain de Claire...

— Bon voyage !

La porte venait de taper fort. Claire se ressaisit, alla s'asseoir un instant dans le fauteuil bleu, puis revint dans l'entrée où la vue des objets éparpillés sur le sol lui fit mal. Elle remit tout en place, comme on recolle les morceaux d'une photo déchirée, se souvenant de ce qu'elle avait dit à Olga : « C'était une belle histoire, je ne veux pas la gâcher... »

Simon était malheureux, mal à l'aise, à la fois hargneux et déçu. Il avait voulu en finir, mais ce départ de Claire, ce coup de téléphone surpris, confirmant ses soupçons, lui enfonçaient une épine dans le cœur. Le sentiment de désarroi dans lequel il se trouvait l'agaçait : il n'allait pas penser à cette fille toute la vie... Oublier, bon sang... il fallait l'oublier... penser à autre chose... Il allait travailler d'arrache-pied, plonger tête baissée dans ses microscopes, s'organiser des conférences pendant les week-ends, se remettre au tennis. Mais rien que d'y penser, il avait la nausée...

Chez le charcutier, pendant qu'il choisissait de quoi faire un repas convenable, il remit ces belles résolutions au lendemain, ou plutôt à la semaine prochaine. D'ailleurs, il se mettrait en vacances jusqu'à lundi, il téléphonerait en disant qu'il était malade... Voilà, c'est ça, il était malade, tout simplement.

Sandrine l'aida à mettre le couvert et posa sur la table tous les petits paquets du charcutier. Après de rudes embrassades, elle lui avait demandé de ne rien dire de son voyage, rien encore...

— Quand on sera installés, tu me raconteras...

Ça faisait partie de la tradition. Tout en mangeant, Simon raconta. Il commença par les choses sérieuses, les choses vraies, mais il fallut s'exécuter, et inventer les histoires folles et drôles qu'elle aimait, et qui étaient en quelque sorte la marque de fabrique de leur affection.

— ... C'était un énorme requin bleu, avec un œil vert et un œil rouge...

Sandrine retombait en enfance, plongeait délicieusement dans l'univers des contes magiques et terribles, entre la peur et le fou rire.

— Et alors ?

Simon avait pris sa voix d'ogre et d'enchanteur. La vie n'était pas complètement moche.

— Alors ? Il était mort... Mais comme on entendait un drôle de bruit, on lui a ouvert le ventre avec un grand couteau en or massif... et devine ce qu'on a trouvé...

— Je ne sais pas... dis...

— Un réveille-matin...

Sandrine éclata de rire.

— C'est pas vrai...

Le jeu était fini.

— Non, c'est pas vrai...

Simon cligna de l'œil :

— ... Dis donc, tu ne crois plus à mes histoires... tu vieillis...

La petite poussa un soupir comique.

— Eh oui... les réveille-matin, c'est comme le père Noël, ça ne passe plus...

— Ne t'inquiète pas, moi aussi, je vieillis...

Un peu de mélancolie venait de lui tomber sur la tête.

— Ta mère, ça va ?

Il s'efforçait, chaque fois qu'il voyait sa fille, de parler d'Odette sans amertume. Sandrine y était sensible.

— Maman ? Très bien... En ce moment, les assurances, ça marche... Les gens s'assurent contre tout... Les enlèvements, les chagrins d'amour... Tu leur fiches un peu la trouille et ils payent... Tu sais, le fric, elle aime bien...

— Oh oui... je sais...

Bon.. il en avait trop dit. Sandrine lui jeta un regard étonné.

— Elle est gentille, quand même.

Simon s'en voulait, et comme souvent dans ces cas-là, il en rajouta.

— Gentille ? Ça veut dire quoi, gentille... La gentillesse, c'est comme la connerie... il y en a plein les rues...

Cette fois, Sandrine était peinée. Elle laissa un instant planer le silence, et lui renvoya la balle :

— Dis donc, papa... aujourd'hui, c'est le 3 mars...

Simon la regarda un instant sans comprendre. Puis il se leva brusquement, se tapant le front du plat de la main.

— C'est ton anniversaire... Bon Dieu !... Le 3 mars... je suis lamentable... J'ai complètement oublié...

Sandrine décida d'avoir le triomphe modeste.

— C'est pas grave... mais quand même, j'ai droit à un cadeau...

— Tout ce que tu veux...

Déjà Sandrine avait escaladé l'escalier de la loggia.

— J'ai envie d'une de tes cassettes... Tu vas voir...

Elle fouilla un instant, trouva ce qu'elle voulait, plaça la cassette sur l'appareil, et appuya sur le bouton. Le chant d'amour des baleines s'éleva, emplissant toute la pièce. Simon eut l'impression de recevoir le souvenir de Claire en pleine figure.

— Arrête ça tout de suite...

— Mais papa...

— Je te demande d'arrêter ça...

Sandrine haussa les épaules et arrêta l'appareil. Sans rien dire, elle revint s'asseoir en face de son père. Il mangeait en silence, tête basse. Gentille... Elle aussi, elle était gentille.

— Si ça t'embête, je la fais copier, ta cassette, et je te la rends...

— Tu peux la garder, je m'en fous...

Décidément, quelque chose n'allait pas... Simon prit la bouteille et se versa un verre de vin si maladroitement que le vin déborda, inondant la table.

— Et merde !...

Sandrine ne put s'empêcher d'éclater de rire, mais Simon était furieux.

— Tu vas te taire ? C'est pas drôle...

— Oh la la... Qu'est-ce que tu as, ce matin ?

— Je suis comme toi... j'ai un père Noël en travers de la gorge.

Jamais, même aux pires moments avec sa mère, Simon n'avait eu ces accents d'amertume, de tristesse.

— Tu veux que je te tape dans le dos ? Ça va le faire descendre...

Simon sourit.

— Vas-y...

Sandrine vint s'asseoir sur les genoux de son père. En riant, elle lui donnait de grands coups entre les épaules. Simon avait enlevé ses lunettes. Ce geste préludait toujours aux moments de tendresse.

— Sandrine... Tu ne m'en veux pas ?...

Elle fit « non » de la tête.

— Tu m'aimes bien ?

Elle mit ses bras autour de son cou et l'embrassa dans les cheveux.

— Oui... je t'aime bien.

— Alors ça va...

Devant reprendre ses cours de patinage dans l'après-midi, Sandrine demanda à son père de l'accompagner. Elle avait été reçue seconde à son concours, et était impatiente d'annoncer la nouvelle à son professeur. Simon accepta :

— Je me suis mis en vacances jusqu'à lundi...

— Ah bon, dit Sandrine... Alors... tu peux aussi venir me chercher...

— Tu finis à quelle heure ?

— A six heures...

Simon réfléchit, mais que faire de ces

heures vides, poursuivi par l'écho du chant des baleines et le souvenir de la voix de Claire : « Je m'imaginais une espèce de paradis... »

— Non... Je ne peux pas.. Je vais aller voir Jean Lafaye. Je lui ai promis depuis longtemps de dîner avec lui...

Sandrine sourit.

— Si c'est Jean, ça va...

Quand Sandrine s'engouffra dans les portes de la patinoire, son sac de sport sur le dos, elle se retourna, et envoya un baiser à son père, du bout des doigts. Simon en fut tout ému.

Jean Lafaye n'allait pas bien. Simon remarqua tout de suite la peau grise, la démarche lasse, comme résignée, de son ami. Ils firent le tour du jardin, mais Jean dut s'appuyer au bras de Simon. Il faisait frais, et tous deux s'installèrent devant le feu.

Jean Lafaye avait compris qu'il était perdu. A Curie, le médecin ne lui avait rien dit, mais une espèce d'accord tacite s'était instauré entre les deux hommes. Chacun savait que l'autre savait... Jean continuait son traitement, mais tous deux, chaque fois qu'ils se voyaient pour des examens de plus en plus rapprochés, choisissaient avec soin les mots qu'ils avaient à prononcer. La veille, au moment de quitter son cabinet, Jean avait serré la main du médecin avec plus de chaleur que d'habitude :

— Docteur, le moment venu... — Il hésita

un instant. — Non, je ne crains pas de souffrir... mais vous savez comme moi qu'au-delà de la souffrance, il y a la déchéance... J'aimerais, jusqu'au bout, garder toute ma dignité...

Il ajouta :

— ... Et si possible, ma lucidité...

Le médecin savait très bien de quoi parlait Jean Lafaye :

— Vous pouvez compter sur moi.

Cette promesse avait rassuré Jean, il se sentait maintenant plus serein, tout était en ordre. Quelque chose cependant continuait de le tourmenter. Devant le feu, Simon en face de lui, c'était peut-être le moment de lui parler. Ils avaient discuté de choses et d'autres, Jean guettait cet instant fragile où tout peut être dit :

— Tu vois, Simon, mon vieux chien ?... il rêve, il joue avec moi... il m'aime... il ne sait pas qu'un jour il va mourir...

Simon regardait Jean, plein de tristesse. Donc, il savait... Mais Jean continuait :

— La mort... ce n'est peut-être rien... comme un gant qu'on enlève...

Et Jean regarda Simon :

— ... ou ça fait peut-être très mal... comme quand une femme vous quitte...

Jean eut le sentiment que l'allusion était peut-être trop évidente, mais Simon ne s'en étonna pas :

— Tu penses à Claire ?

— A toi, surtout...

C'était vrai... Simon avait changé. Les

dernières fois qu'ils s'étaient vus, ils n'avaient plus parlé de Claire, mais Jean le connaissait si bien, son Simon...

— C'est elle qui t'a quitté, n'est-ce pas ?

— Oui...

— Est-ce que tu sais pourquoi ?

Simon haussa les épaules.

— Tu sais... Ça a été tellement moche... Elle a dû rencontrer quelqu'un... je n'ai rien compris...

Quelque chose qui ressemblait à de la joie emplit le cœur de Jean... C'était donc ça... et Simon ne savait rien...

— Ecoute, Simon, écoute...

Il se penchait maintenant vers lui :

— ... j'ai vu Claire à l'hôpital... Elle est malade.

Simon n'avait pas encore compris.

— Comment ça, malade...

— Oui... J'étais dans la salle d'attente à Curie et je l'ai vue... Elle suivait un traitement, comme moi...

— Mais qu'est-ce que tu racontes ?

Cette histoire ne tenait pas debout. Simon se souvint de Claire, aujourd'hui même :

— ... Je l'ai vue ce matin... Elle partait... Elle faisait sa valise...

Jean réfléchissait : c'était plus grave que ce qu'il pensait.

— Une toute petite valise, n'est-ce pas ?

Simon ne comprenait pas ce que la taille de la valise avait à voir là-dedans :

— Oui...

Jean les connaissait bien, ces petites valises, où l'on ne met qu'un peu de linge, quelques livres...

— Simon... Claire est à l'hôpital Curie...

Le visage de Simon se bouleversa d'un coup... Les chemises de nuit, la robe de chambre... les pantoufles japonaises.

— Bon Dieu... je suis un con... Mais qu'est-ce que je suis con...

Il restait là, écrasé, revivant en quelques secondes la scène de rupture... Dubrovnik... Le bracelet, qu'elle avait refusé... Et ce matin... ce matin... Il avait été ignoble... « Quelle tête il a, ton contretemps ? » Ignoble et vulgaire... La tête dans les mains, Simon se demandait s'il était possible que Claire lui pardonne. Il tremblait. Jean lui posa une main sur l'épaule, Simon se leva brusquement : il fallait faire quelque chose, tout de suite... Il fallait courir là-bas, il fallait qu'elle lui pardonne sa connerie, il l'aimait, bon Dieu, comme il l'aimait...

— Jean... j'y vais...

Il embrassa son vieil ami, qui lui fit un petit signe heureux de la main.

Le trajet lui sembla interminable. Jamais les feux rouges ne lui avaient paru aussi insolents, les voitures aussi nombreuses, conduites par des gens aussi désespérément lents, abrutis... tous des abrutis. En même temps, des détails lui revenaient en mémoire : quand elle avait pleuré, la veille de son départ... Sans doute, elle savait déjà qu'elle était malade. Mais pourquoi ne lui avait-elle rien dit ? Pourquoi, bon Dieu ?

Bientôt, un mot terrible vint le harceler : cancer. Cancer, Claire avait un cancer... Et si elle allait mourir ? Il doubla quinze voitures en troisième file.

Rue d'Ulm, Simon se gara en trombe, n'importe comment, claqua la portière et courut jusqu'à l'hôpital. Dans le hall, il cherchait du regard quelqu'un pour le renseigner. Réception : il s'adressa à l'infirmière, s'efforçant de paraître calme.

— Castelan, Claire Castelan... Elle vient d'être hospitalisée... Quel est le numéro de sa chambre, s'il vous plaît ?

— Une seconde, monsieur.

L'infirmière consulta un registre, décrocha un téléphone :

— Allô... c'est la réception... Pour Mme Castelan, je peux laisser monter ?... Bon.

Elle indiqua l'ascenseur à Simon :

— Chambre 65, au troisième étage.

Simon monta quatre à quatre les escaliers, prit un couloir, trouva enfin la porte de la chambre 65. Il s'arrêta hors d'haleine et frappa discrètement.

— Entrez...

C'était la voix de Claire. Il se trouva bête, bête et vulgaire... Tant pis. Il entra.

C'était une chambre à deux lits, Olga était là, et Claire, encore en jeans, avec une chemisette écossaise que Simon ne connaissait pas. La valise était posée sur une chaise. Olga se leva, embrassa Claire :

— Je te laisse... à demain... Je penserai à toi, très fort...

Elle sortit, après avoir dit au revoir à Simon. Simon qui restait planté là, comme un idiot. Il ne savait plus quoi dire. Qu'il l'aimait, oui, ça il le savait, mais en cet instant, il sentait que ça n'était pas suffisant, et cette impression le laissait désarmé, hésitant, craignant de tout gâcher par un geste maladroit, ou des mots vides, bêtes, inutiles. Claire était devant lui, et il restait muet.

— Comment as-tu su que j'étais là ?

Comme elle semblait calme, et sûre d'elle... Et pourquoi cette question ? Non, Claire, je ne suis pas un intrus, je ne t'espionne pas. Je sais, c'est tout et je suis venu.

Quand elle avait vu entrer Simon, Claire s'était raidie. Elle avait compris depuis quelques jours que la simple évocation de son nom, de son regard, lui ôtaient toute volonté de s'en sortir, remettaient en question le nouvel équilibre qu'elle essayait de trouver pour avoir le courage de vivre. Simon debout devant elle, c'était l'ennemi. Claire avait mis sa cuirasse, décidée à tout expliquer, mais aussi à se garder, à droite et à gauche, de toutes les tentations.

Simon n'avait qu'une idée en tête, comprendre :

— Tu peux me dire maintenant ce qui se passe ?

Il avait pris un ton bien délicat, pour ne pas blesser, pour ne pas effaroucher, il avait tout de même le droit de savoir, non ? Mais Claire ne répondait pas.

— Claire... Qu'est-ce qui t'arrive ?

Elle s'était levée et se dirigeait vers la fenêtre, une façon comme une autre de lui tourner le dos. La voix de Simon... Il fallait faire vite :

— Il m'arrive un cancer... un cancer du sein...

— Et pourquoi tu ne m'as rien dit ?

Non !... Claire ne pouvait pas expliquer la honte, la peur... Il fallait en finir, et tout lui balancer en pleine figure. Elle se tourna vers lui :

— On va m'ôter un sein... Tu comprends ?

— Et après ? Qu'est-ce que ça change...

Claire s'y attendait, à celle-là... Bien sûr, Simon allait lui débiter toutes sortes de niaiseries, mais elle connaissait les réponses par cœur.

Une infirmière entra, déposa des serviettes sur la table.

— On va venir vous préparer pour demain.

Elle se tournait, gentille, vers Simon :

— ... Monsieur, je suis désolée... il faudra partir dans quelques minutes...

La porte s'était à peine fermée derrière l'infirmière que Simon posait de nouveau cette même question. Il avait tout compris, il était au cœur du problème, il était sincère, il devait aller jusqu'au bout :

— Je t'ai demandé : qu'est-ce que ça change ?

Claire se durcit.

— Ça change tout... N'essaie pas de me convaincre, tu n'y arriveras pas...

— Claire, je t'en supplie...

— Tu me supplies ?

La cuirasse devenait trop lourde, Claire se mit à crier.

— ... Tu me supplies de quoi ? d'accepter ta pitié ? Je n'en veux pas... La pitié me dégoûte...

Désemparé, Simon ne bougeait pas. Le regard de Simon... Claire s'était jetée sur son lit, donnant des coups de poing dans les barreaux, avec l'envie de faire mal, de se faire mal. Elle pleurait :

— Depuis des semaines, je tiens le coup... J'ai besoin de toutes mes forces... Tu ne comprends pas ?... C'est très beau, les contes de fées... mais tu as pensé à plus tard ?

Elle se calma brusquement, ayant trouvé dans cette colère désespérée l'argument sans réplique qui allait la rendre à sa solitude. Elle se leva, marcha sur Simon :

— Je n'y crois pas, Simon... je n'y crois pas... Va-t'en... Mais va-t'en...

Alertée sans doute par cette scène violente, l'infirmière était entrée. Elle vint vers Claire, la prit fermement par le bras, la força à s'asseoir.

— Ne vous énervez pas...

Comme une petite fille, Claire s'était laissé faire. L'infirmière demanda à Simon de partir. Il aurait voulu dire encore à Claire quelque chose d'important, il ne savait pas quoi au juste, mais elle regardait le mur, et répétait sans cesse, mécaniquement :

— Oui, qu'il s'en aille... qu'il s'en aille, qu'il s'en aille...

Il dut sortir.

Une rue... puis une autre, place de la Contrescarpe, Simon marchait. Il tournait en rond dans le quartier, mais ses pas le ramenaient toujours vers l'hôpital. Il levait la tête vers les fenêtres : où était sa chambre ? Puis il songea que le couloir qu'il avait pris était celui de gauche, et que la chambre 65 devait peut-être donner de l'autre côté, sur la cour.

Il était bouleversé. Comme elle lui avait parlé ! Il y avait presque de la haine dans sa voix. Va-t'en... Pourquoi ? Il lui semblait avoir dit ce qu'il fallait, que cette vacherie d'opération ne changeait rien... Va-t'en... Que faire, bon Dieu... où trouver les mots justes pour la convaincre, pour apaiser ce qu'il avait senti en elle de hargne et de révolte ? Bon, d'accord, on allait lui enlever un sein. Pour une femme, ça devait être insupportable... Mais puisqu'il lui avait dit... Ce n'était peut-être pas ça... Il y avait devant lui une muraille mystérieuse, protégeant les rouages compliqués de la féminité, une mécanique particulière de pensées, de réactions, auxquelles il ne comprenait rien. Une femme... une autre femme pourrait peut-être lui expliquer...

Une idée lui traversa l'esprit... Il n'allait pas rester là à tourner en rond... Il était six heures moins le quart, Simon entra précipitament dans une cabine téléphonique, et laissa un message à la patinoire, comme il l'avait fait si souvent : « Dites à Sandrine Delorme que son père vient la chercher... »

Depuis le départ de Simon, Claire avait peu à peu retrouvé son calme. L'infirmière était restée près d'elle et lui avait parlé doucement, lui expliquant que la veille d'une opération, il n'était pas prudent de lui donner un tranquillisant. L'anesthésie, vous comprenez ? Claire comprenait, il fallait tout faire, tout, pour que ça se passe le mieux possible. Elle avait choisi, accepté l'opération, il lui semblait même qu'en se réveillant, le lendemain, après... elle serait apaisée, réconciliée avec son propre corps, et avec l'ordre des choses.

Sandrine évoluait sur la glace. Son professeur était parti et elle improvisait, pour le plaisir, de longues glissades rapides, qu'elle terminait en pirouettes aériennes. Simon l'observait. Elle était bien faite, Sandrine, et on sentait, au-delà de sa joie de patiner, l'exaltation d'un corps en mouvement, un corps harmonieux dont elle était fière. Simon pensa au corps menacé de Claire, douloureusement.

Quand elle aperçut son père, Sandrine cessa le rythme de ses figures et vint vers lui en effectuant une série de pas acrobatiques, à la limite de la clownerie. Cet humour, ce sens de la dérision étaient entre eux la marque de fabrique de leur mutuelle affection. On s'aime, mais faut pas avoir l'air...

— Papa... c'est gentil...

Sandrine vit tout de suite que quelque chose n'allait pas. Simon était grave, pas en colère comme ce matin, mais dans un sens, c'était pire...

— Va te changer... tu vas attraper la crève. Je t'attends au café.

Quand ils furent assis l'un en face de l'autre, Sandrine prit le plus court chemin :

— Vas-y, raconte...

— Tu te souviens de Claire ?

Sandrine leva les sourcils... C'était la première fois que son père la mêlait à des histoires de femmes.

— Ben oui...

— Il lui est arrivé un coup dur... Un cancer... grave... on va lui enlever un sein...

Sandrine, instinctivement, esquissa un geste vers ses seins à elle, mais reposa les mains sur la table, interdite. Une sale truc... Une saleté de truc...

— Elle ne veut plus de moi, dit Simon... Elle m'a jeté...

Elle était bien, cette Claire... Sandrine sourit, mais c'était un sourire de connivence, un sourire amical à l'adresse de cette Claire qu'elle connaissait à peine, mais comprenait si bien.

— Jeté ? Dur-dur, l'amour...

Simon était sidéré. Il était venu chercher une explication, un secours, et voilà que Sandrine semblait se ranger du côté de Claire.

— Si elle ne veut plus de toi... fous-lui la paix...

Sandrine avait le sentiment d'avoir dit des choses capitales. Les types qui s'accrochaient, elle avait horreur de ça. Quand c'est non, c'est non. Mais quand même, là, il y avait un truc à expliquer, un truc spécial :

— Est-ce qu'elle t'en avait parlé ?

Simon reprenait espoir, puisque Sandrine rouvrait le dossier.

— Non, je l'ai appris par hasard...

Sandrine refaisait toute seule le chemin parcouru par Claire.

— C'est normal...

Normal ! L'expression de Simon traduisait un tel sentiment d'injustice, d'incompréhension, que Sandrine lâcha le mot clé de la situation et elle était sûre de ne pas se tromper :

— Ta pitié, elle en veut pas...

Simon commençait à s'énerver. Ce mot-là, il l'avait déjà entendu...

— Mais où tu vois la pitié ? Je l'aime, c'est

tout... avec un sein... deux seins.. ou quatre, je m'en fous...

— Oui, mais elle, elle s'en fout pas... elle ne veut rien t'imposer... c'est tout...

Sandrine prit un air modeste :

— Nous, les femmes, on est comme ça...

Un silence nostalgique s'établit entre eux. Simon regardait sa fille, ce petit bout de femme, d'un air attendri. Il en sentait la force, le charme, l'ironie moqueuse. Mais Sandrine était devenue plus grave.

— Tu sais quoi ?... Elle n'a plus confiance... Elle a honte... Elle a peur... Elle croit que pour elle tout est fini, qu'elle ne sert plus à rien...

— Mais j'ai besoin d'elle, moi...

Sandrine regarda son père pour la première fois avec un regard d'adulte et son cœur se serra. Il faudrait donc, toute la vie, se heurter à des désirs inassouvis, tenter toute la vie de combler un vide ? Et les choses, les objets convoités, les gens qu'on aimait, pouvaient vous glisser un jour entre les doigts, par accident... Comme il avait l'air triste, Simon. Sandrine aurait voulu trouver quelque chose de gentil à lui dire, pour le réconforter, pour l'encourager, mais ça ne venait pas. Après tout, elle était libre, cette fille... Sandrine se leva pour partir :

— D'accord, papa, tu as besoin d'elle, mais c'est elle que ça regarde...

Pendant le trajet du retour, ils restèrent tous les deux silencieux. Sandrine craignait d'avoir fait de la peine à son père, mais elle le surveillait d'un coup d'œil de temps en temps, et il avait l'air plutôt bien. Il toussotait, comme un orateur avant de prendre la parole et elle en conclut qu'il allait prendre une décision.

Quand il la déposa devant chez elle, Sandrine l'embrassa « appuyé », un baiser « appuyé » étant traditionnellement réservé aux grandes occasions. Debout sur le trottoir, elle se pencha vers lui à la portière, et murmura :

— T'as une idée ?

Simon sourit.

— Je ne sais pas... je vais voir...

Sandrine croisa les doigts, pour conjurer le mauvais sort et Simon démarra avec optimisme.

Claire eut ce soir-là du mal à s'endormir. Demain... Une citation oubliée lui revenait en mémoire : « Demain est un autre jour... »

Cette frontière entre un jour et l'autre qu'est la nuit était si large, si touffue de gestes nouveaux, d'attitudes nouvelles... Demain, après-demain, les jours et les semaines, les années qui venaient vers elle auraient une couleur différente. Elle aurait un sein en moins... Claire refit ce soir-là le compte de ses angoisses, de ses victoires... Elle rejetait Simon bien loin, dans la zone trouble des souvenirs interdits, et s'asseyait de nouveau sur le banc de ce jardin inconnu où l'acacia et le merle sur la pelouse semblaient l'encourager à poursuivre sa route. Les voitures qui passaient dessinaient sur le plafond des éventails de lumière. La veilleuse d'un bleu magique, électrique, l'hypnotisait ; elle glissa vers le sommeil.

Une infirmière la réveilla ; on se lève tôt dans les hôpitaux, la nuit est encore aux fenêtres et des pas dans la rue rendent un son particulier, presque familier (« qui est-ce ? »).

Piqûre.

— C'est quoi ? demanda Claire.

L'infirmière poussait sur la seringue d'un air appliqué. Quand elle retira l'aiguille, elle avait oublié la question que Claire lui avait posée.

Tant pis, se dit Claire, je suis sur un bateau, sur un radeau, laissons flotter... Une sorte d'impatience passive l'avait gagnée : en finir, de cette saleté, après, ça irait mieux.

La piqûre faisait son effet. Claire dérivait sur des lacs tranquilles, traversant d'épais nuages de brume. Son corps ne lui appartenait plus, elle pouvait le voir, au loin, qui semblait l'attendre.

Brancard. Claire aurait pu y monter seule, mais déjà on lui avait mis aux pieds des bottillons de tissu stérile, et il lui était interdit de toucher terre. « Je vole, se dit-elle, de mon lit au brancard, du brancard à la table d'opération... » En chemin, au long des couloirs, Claire prit son sein dans sa main, en signe d'adieu. Elle avait hésité à faire ce geste, craignant un sursaut de regret, mais ce fut une réaction inattendue qui s'imposa : il était pourri, ce petit con, ce porteur de mort et il était juste et salutaire de le supprimer ; la main de Claire s'en écarta.

Quelques minutes plus tard, une petite aiguille, dans son bras droit, faisait couler dans ses veines un sommeil irrésistible. Elle était sur la table d'opération, le chirurgien attendait, ses assistants étaient aux aguets. On lui avait demandé de compter... sept... huit... neuf... sa voix se fit moins précise : dix... onze. L'éclairage très vif, au-dessus de sa tête, l'absorba tout entière, lui donnant l'impression de s'envoler vers la lumière.

Sortir d'un sommeil artificiel est une longue ascension. En fin d'après-midi, Claire bougea la tête et sa respiration changea légèrement de rythme. Peu à peu, elle reprenait conscience. Elle ne savait pas où elle était, ni ce qui lui était arrivé, mais toute sa volonté était tendue vers le réveil de ses sens, le désir de s'arracher au poids des rêves incompréhensibles où elle s'égarait encore. Puis elle ouvrit les yeux lentement, et un fil de regard glissa entre ses paupières. Claire reconnut la chambre, le rectangle de la fenêtre où le soleil couchant jetait des reflets dorés, la chaise où Olga s'était assise. Essayant de bouger son bras gauche, elle ressentit une douleur assez vive. Tout était donc consommé, on lui avait arraché cette part d'elle-même qui la menaçait, elle allait guérir...

Encore lourde de sommeil, Claire tenta de dégager son bras droit, prisonnier des draps serrés. Elle y parvint, peu à peu, et c'est alors qu'elle vit, enserrant son poignet, le merveilleux bracelet que Simon lui avait rapporté.

Une infirmière entra, vint se placer silencieusement auprès du lit. Claire contemplait toujours le bracelet, incrédule. Puis elle leva vers l'infirmière un regard encore incertain :

— Quelqu'un est venu après mon opération ?

Sa voix n'était qu'un souffle. L'infirmière souriait, d'un air complice.

— Oui, quelqu'un est venu, qui m'a donné ça pour vous...

Elle posa sur le lit un petit lecteur de cassettes :

— Il m'a dit qu'il fallait juste appuyer sur le bouton... Voilà... Je repasserai tout à l'heure... Vous n'avez besoin de rien ?

— Non, merci, vous êtes gentille...

L'infirmière quitta la pièce. Claire avait posé sa main sur l'appareil. Simon... Hier elle lui avait crié « Va-t'en... » Mais c'était hier... C'était « avant ». Elle appuya sur le bouton.

« Ici, le capitaine Nemo... »

Claire sourit. La voix de Simon... La voix des souvenirs heureux...

« Je vous parle du *Nautilus*... Je pars pour une longue croisière... et je cherche d'urgence une sirène qui s'appelle Claire et qui m'a échappé... Elle est un peu amochée... il lui manque une nageoire, mais ça ne fait rien... Je l'aime... Première escale... Dubrovnik... Je ne connais pas... elle non plus... d'après ce que j'ai cru comprendre... »

La voix se tut pendant quelques secondes. Quand elle reprit, elle avait des accents secrets :

« ... Claire... tu veux bien ?... Je t'aime... c'est tout, et j'ai besoin de toi... »

Claire pleurait doucement. Elle souriait et le bracelet était flou, déformé par les larmes.

— Simon...

Elle avait prononcé ce nom très doucement.

Mais Simon avait entendu... Il entra.

Précédemment parus dans la collection
Bibliothèque Hachette

Joseph Joffo	*Un sac de billes*
Hervé Bazin	*Qui j'ose aimer*
Gabriel Garcia Marquez	*L'automne du patriarche*
Mme de la Fayette	*La Princesse de Clèves*
Maurice Denuzière	*Un chien de saison*
Bernard Lenteric	*La nuit des enfants rois*
Janine Boissard	*Rendez-vous avec mon fils*
Alain-Fournier	*Le Grand Meaulnes*
Alphonse Daudet	*Lettres de mon moulin*
Françoise Giroud	*Une femme honorable*
Christine Arnothy	*J'ai quinze ans et je ne veux pas mourir*
Patrick Cauvin	*L'amour aveugle*
Marguerite Gurgand	*Les demoiselles de Beaumoreau*
Boris Vian	*L'écume des jours*
Valérie Valère	*Le pavillon des enfants fous*
François Cavanna	*Les ritals*
Marie Cardinal	*La clé sur la porte*
Jacques Lanzmann	*La baleine blanche*
Monique Brossard-Le Grand	*Chienne de vie, je t'aime*
Laird Kœnig	*La petite fille au bout du chemin*
Françoise Giroud	*Le bon plaisir*
Hortense Dufour	*Le Bouchot*
Patrick Poivre d'Arvor	*Les enfants de l'aube*
Emilie Carles	*La soupe aux herbes sauvages*

23.35.3948.01
ISBN 2.01.0.10708.X

N° d'édition H67084 – 8396
N° d'impression G84/15313
Dépôt légal : Octobre 1984

Achevé d'imprimer
sur les presses de Maury-Imprimeur S.A. – 45330 Malesherbes
le 27 août 1984